Valerie Brotschneider
Martina Karina Fischer

DER HOLISTISCHE WEG

5 Geheimnisse einer ganzheitlichen Lebensweise

AMPULS VERLAG

Valerie Brotschneider, Martina Karina Fischer
Der holistische Weg
5 Geheimnisse einer ganzheitlichen Lebensweise

Geschäftsführung: Mag.[a] Evelyn Holley-Spiess, Martin Schriebl-Rümmele
Verleger: Martin Schriebl-Rümmele
Herausgeberin: Mag.[a] Evelyn Holley-Spiess
Lektorat: Marketingfabrik – E. & F. Gabner GmbH
Umschlaggestaltung: Daniela Radler
Bildnachweise: Adobe Stock; Seite 155 (unten) und Buchumschlag (innen): Sabrina Rynas/Fina Digital Ltd; Seite 155 (oben) und Buchumschlag (innen): Privat
Layout, Gestaltung, Satz: Daniela Radler
Hersteller: Marketingfabrik E. & F. Gabner GmbH
Erschienen bei: ampuls-verlag, eine Marke der Rümmele Spiess Gesund kommunizieren GmbH

ISBN: 978-3-9505385-4-0

Inhalt

Vorwort

Wo beginnt Gesundheit? Ist es „nur" die Freiheit von Symptomen? Im Bestfall ja! Aber reicht das, um langfristig keine Beschwerden zu haben? Wohl nicht! Aus der Epigenetik weiß man, dass Krankheiten ursächlich aus den tiefsten Tiefen unserer Seele stammen und/oder von den Vorfahren übernommen wurden und im Jetzt ausgelebt werden. Unerklärliche Befindlichkeitsstörungen und eben auch Krankheiten können ihren Ursprung auch im aktuellen Leben haben: Ein Schicksalsschlag, ein belastendes Erlebnis reißt uns aus der Mitte, bringt aus dem Gleichgewicht, schlägt als „Konflikt" im Hirn ein und manifestiert sich letztendlich als körperliches Symptom. Wird nicht der Kern der Krankheit erkannt, als Wurzel des Übels ausgegraben und behoben, lässt sich noch so lange an den Symptomen herumdoktern und doch keine langfristige Heilung erreichen, weil im Hintergrund ein seelisches Störprogramm läuft, ständig triggert und an der Gesundung hindert.

Diese Erkenntnis ist nichts Neues. „Mens sana in corpore sano", übersetzt mit „ein gesunder Geist in einem gesunden Körper", wussten schon die alten Lateiner. Wer also glaubt, Krankheiten seien nur „böse Launen der Natur", irrt. Ein Glück, dass der holistische Ansatz im Verständnis von Krankheit und ihrem Ursprung wieder populär wird. Jetzt ist die Zeit zurückgekehrt, die untrennbare Einheit von Körper, Seele und Geist erneut ins Bewusstsein zu rücken. Und das Wissen zu verbreiten, dass die Materie dem Geist nachgeordnet ist, ihr sogar folgt. Unser Körper wird nur dann heil beziehungsweise geheilt, wenn Seele und Geist frei von Belastungen sind. „Zurück zur Mitte" heißt der Anspruch, was auf Lateinisch mit „re-medium", auf Deutsch Heilmittel, übersetzt wird.
Die Ansätze, Methoden und Wege dazu sind vielfältig, wie Valerie Brotschneider und Martina Karina Fischer beispielhaft anhand von fünf seit Jahrhunderten bewährten Heilmethoden aufzeigen. Ob die Kabbala,

die Traditionelle Chinesische Medizin (TCM), die Phyto- oder Lithotherapie wie auch die Akupressur als Soforthilfe: In ihrem Buch „Der holistische Weg – 5 Geheimnisse einer ganzheitlichen Lebensweise" finden Sie eindrückliche und leicht in den Alltag zu integrierende Vorschläge zu einem gesunden und glücklichen Leben. „Gnothi seauton", erkenne dich selbst! Mögen Sie diese Inschrift am Apollotempel von Delphi inspirieren und durch Ihren Alltag begleiten. Auf dass Sie Freiheit, Frieden und Freude verspüren.

Herzlichst
Dr. med. Mathias Künlen (Neurologe)

Die Informationen, die in diesem Buch vermittelt werden, stellen die subjektive Meinung beziehungsweise Erfahrung der Autorinnen dar und wurden nach bestem Wissen und Gewissen aufgezeichnet. Keinesfalls jedoch sollen sie ärztlichen Rat oder ärztliche Hilfe ersetzen. Das Buch bezweckt, den:die Leser:in zur körperlichen, geistigen und seelischen Gesundheitsvorsorge und Selbsthilfe anzuleiten. Eine Haftung der Autorinnen für etwaige Schäden, die sich aus dem Gebrauch oder Missbrauch des in diesem Buch präsentierten Materials ergeben, ist ausgeschlossen.

Gesundheit ist mehr als die Abwesenheit von Krankheit.

Einleitung

„Der holistische Weg“ ist ein Buch, das hilft, die eigene Gesundheit in den verschiedenen Welten selbst besser einzuschätzen. Allein aufgrund der Elementelehre, die in diesem Werk genau beschrieben wird, entstehen verschiedene Schwingungen, die auf den Menschen in den Jahreszeiten einen besonderen Einfluss haben. Die Kabbala, ein Uraltwissen über Zahlenmystifikation, fasst außerdem zusammen, dass jeder Mensch aufgrund seines Geburtstages (Tag, Monat und Jahr) eine ganz eigene Schwingung hat und damit besondere Stärken und auch Fähigkeiten veranlagt hat. Gleichzeitig hat er mit individuellen Herausforderungen im Leben zu kämpfen. Dieses Buch bringt die Leserin beziehungsweise den Leser der eigenen Wahrheit näher und ist ein guter Begleiter, wenn wir MEHR Balance, MEHR Vitalität und ein langes, glückliches und erfülltes Leben anstreben.

Martina: Kannst du dich noch an unser Kennenlernen erinnern?
Valerie: Natürlich! Im Kräuterkurs der Freunde naturgemäßer Lebensweise in Kärnten.
Martina: Weißt du auch noch, was du zu mir gesagt hast?
Valerie: Du musst ein 7er sein. Ich fragte dich damals, ob du an einem 7. geboren wurdest.
Martina: Genau, ich war total perplex und natürlich neugierig. Ich kann mich noch sehr genau an dein verschmitztes Lächeln erinnern, als ich dir den 7. bestätigt hatte. Es war der Beginn einer wunderbaren Freundschaft, wofür ich sehr dankbar bin.
Valerie: Ich schätze dich als Menschen und dein Tun sehr. Kabbalistisch betrachtet sind wir ein großartiges Team und haben zusammen mit die-

sem Buch ein Werk geschaffen, das Potenzial hat, die Menschen langfristig bis ins hohe Alter zu inspirieren, körperliche geistig und seelisch gesund zu werden und zu bleiben.

Martina: Valerie, kannst du es glauben? Wir haben gemeinsam ein ganz besonderes Werk für die Menschen geschrieben. Wen meinst du, wird dieses Buch finden?

Valerie: Ich bin besonders stolz, dass wir ein Kompendium geschaffen haben, das die Menschen ganzheitlich in ihrer Selbstheilung unterstützt. Es gibt sehr viele Gesundheitsbücher auf dem Markt, aber keines, das so viele wertvolle Aspekte in einem vereint. Ich denke, dass dieses Buch von Menschen gefunden wird, die vielleicht aktuell mit ihrer Gesundheit kämpfen.

Martina: Oder vital altern wollen.

Valerie: Ganz genau. Wir haben versucht, Wissen zusammenzutragen, mit dem ein langes und gesundes Leben gelingen kann, vorausgesetzt, es wird angewendet.

Martina: DAS Wissen meinst.

Valerie: Ja, das heilige Wissen, das nicht vielen zugänglich ist.

Martina: Allein dieser Gedanke, wie viele Menschen wir dadurch inspirieren können, wieder mehr in ihre Selbstheilung und Kraft zu begleiten, lässt mich vor Freude in die Höhe springen. Valerie, warum glaubst du, gibt es heutzutage so viele kranke Menschen in der westlichen Welt?

Valerie: Viele Menschen haben ihren ganzheitlichen Zugang zu sich selbst verloren. Sie fühlen sich abgekoppelt und nicht mehr vollständig.

Martina: Meinst du, das hat mit dem aktuellen Wandel der Zeit zu tun?

Valerie: Ganz genau. Körper, Geist und Seele bilden eine Einheit. Unsere westliche Welt und hier etablierte Medizin trennt dies. Das heißt, es existiert primär nur die körperliche Ebene. So können wir nicht gesund bleiben und Krankheiten nicht erfolgreich ausheilen.

Martina: Wir beide arbeiten ja holistisch. Wir betrachten den Menschen als ein ganzheitliches Wesen. Wir vertreten die Annahme, dass Körper, Geist und Seele eine Einheit bilden. Und diese Einheit steht im ständigen Austausch miteinander.

Valerie: Korrekt. Und gerade deshalb bin ich auf dieses Buch besonders stolz, da wir die körperlichen, mentalen, emotionalen und spirituellen

Aspekte, die es braucht, um bis ins hohe Alter gesund und vital zu leben, vereinen. Sie sind eng miteinander verflochten, wie verknüpfte Wege.

Martina: Ich sage immer: geht es unserer Seele nicht gut und arbeiten und lösen wir diesen Schmerz nicht auf, manifestiert sich irgendwann auf der körperlichen Ebene eine Krankheit. Unser Körper ist das Spiegelbild unserer Seele.

Valerie: Da hast du recht, liebe Martina. Welche Herzensbotschaft möchtest du unseren Leserinnen und Lesern mitgeben?

Martina: Dass die Krankheit nicht unser Feind ist, sondern vom Körper ein eingeleiteter Schritt in Richtung Heilung ist. Ich möchte das Verständnis mitgeben, dass unser Körper mehr als nur ein Organismus ist, der stets auf einen Prozess der Selbstheilung zustrebt. Ich möchte mitgeben, dass jeder Körper ein eigenes Bewusstsein hat. Wir bestehen aus Milliarden von Zellen – aus einem ganz eigenen Universum – dem Mikrokosmos. Und wir sind Teil des Universums – dem Makrokosmos. Wir sind aus Sternenstaub gemacht. Alles entspringt der gleichen Wurzel. Wir sind miteinander verbunden. Meinst du, Valerie, werden wir mit diesem Buch polarisieren?

Valerie: Bestimmt. Weltweit gibt es unterschiedlichste Heilsysteme. Die westliche wissenschaftliche Weltsicht erklärt ein System, indem sie es in Bestandteile zerlegt und auf die Gesetzmäßigkeiten zurückgeführt wird. Die östlichen Heiltraditionen, wie beispielsweise die Traditionelle Chinesische Medizin, die wir in diesem Buch ausführlich beschreiben, oder die ayurvedische Medizin aus Indien sind mehrere tausende Jahre alt und weisen ganzheitliche Aspekte auf. Anstatt sich wie die westliche Medizin nur auf Krankheiten oder Körperteile zu fokussieren, konzentriert sich die ganzheitliche Medizin auf einen besonderen Ansatz zur Selbstheilung im Kontext des allgemeinen Gesundheitszustandes des gesamten Menschen und seiner Umgebung. Eine ganzheitliche Lebensweise ist ein gesunder, wieder moderner und wichtiger Lifestyle, wenn man heutzutage gesund, vital und fit altern möchte. Was meinst du, wird dieses Buch mit der Leserschaft machen?

Martina: Ich bin überzeugt, dass dieses Buch die Verbindung zu Geist, Seele und Körper stärkt. Und es ladet ein, die Perspektive zu verändern, sich immer wieder auf ein Neues umzusehen, vernetzter zu denken und im großen Ganzen zu erkennen, dass wir aufgrund der verknüpften Wege miteinander verbunden sind. Auf eine ganzheitliche, manchmal verrückte, vielleicht auch mystische Art und Weise – holistisch eben.

„Alle Erfolge und Reichtümer dieser Welt sind wertlos, wenn wir nicht gesund sind."

Warum heutzutage so viele Menschen krank sind

Gesundheit ist nicht selbstverständlich. Sie ist unser größtes Gut, das wir haben können. Unser primäres Bestreben sollte immer sein, diesen Zustand des vollkommenen körperlichen, geistigen und seelischen Wohlbefindens zu erreichen und zu erhalten. Doch unser schnelllebiger und gehetzter Lebensstil sowie die für viele Menschen existenziell schwierigen Rahmenbedingungen der heutigen Zeit haben uns verlernen lassen, das Leben zu pflegen und eine sogenannte Gesundheitspflege regelmäßig anzuwenden. Wir hetzen „irgendwelchen" Gesundheitsidealen nach, die von vielen sogenannten Expert:innen empfohlen werden. Gefühlt sieht man in diesem Bereich den Wald vor lauter Bäumen nicht mehr. Es herrscht eine große Verunsicherung. Was soll man unbedingt machen? Was darf man? Was nicht? Jeden Tag entwickelt sich ein neuer Trend. Und da viele Menschen von ihrem höheren Selbst – dem wahren Ich beziehungsweise dem eigenen höheren Bewusstsein – abgekoppelt sind, ist es besonders schwer, ein gesundes Gespür zu entwickeln, was sich für einen selbst gut und richtig anfühlt und was man lieber lassen sollte. Der Zugang zur eigenen Intuition ist bei vielen Menschen blockiert.

Wenn wir uns die vielen unterschiedlichen Heilsysteme auf der ganzen Welt ansehen, dann erkennen wir etwas Interessantes: Alle eint ein bestimmtes Bild. Ein achtsamer Umgang mit sich selbst, mit den Stärken und Schwächen. Warum haben gerade wir in der westlichen Kultur genau DAS verlernt? Gerade wir, die großen Denker:innen und Entdecker:innen ...

Ein Vergleich zeigt: Die Wurzeln der Heilkunst der Traditionellen Chinesischen Medizin (TCM) sind über 3000 Jahre alt. Im Vergleich zur alten Medizin des Westens – und ja, Überraschung, auch wir im Westen hatten ein altes Heilwissen – ist es auffallend, dass es für dieses die ersten Schriftdokumente aus der Zeit 400 bis 500 vor Christus gab. Die alte Medizin des Westens hatte ebenso wie die Traditionelle Chinesische Medizin ganzheitliche philosophische Grundgedanken und eine Elementelehre. In der wissenschaftlich pharmakologisch orientierten Medizin ist diese ganzheitliche Sichtweise allerdings verloren gegangen. Und nicht nur das. In der heutigen westlichen Medizin laufen wir schon drei Jahrhunderte einer Denkweise hinterher, die auf den Arbeiten von René Decartes, einem französischen Philosophen, Mathematiker und Naturwissenschaftler, von Isaac Newton, einem englischen Naturforscher und Philosophen, sowie Charles Robert Darwin, ebenfalls ein englischer Naturforscher, basiert. Alle drei vertraten, geprägt durch die aufkommende Industrialisierung, die Vorstellung, dass unsere körperlichen Symptome bedeutungslos und unser Körper mit einer Maschine vergleichbar sei. Diese Maschine sei voller Organe mit Knöpfen und Hebeln, die man anpassen müsse, falls etwas nicht stimmt. Bekämpft wird das Symptom und nicht die Ursache. Kommt uns diese Sichtweise bekannt vor? Wir haben etwa Kopfschmerzen – ein Symptom. Was machen wir im Normalfall – und wir gehen jetzt davon aus, dass wir noch nicht mit einer holistischen Lebensweise vertraut sind: Wir nehmen vermutlich eine Schmerztablette, um den Kopfschmerz zu lindern. Was machen wir nicht? Wir befassen uns nicht mit der Ursache, die die Kopfschmerzen auslöst.

Ein noch deutlicheres Beispiel: Gehen wir davon aus, wir fahren ein Auto mit einem Verbrennermotor. Plötzlich leuchtet die Öldrucklampe auf. Wir fahren in die nächste Werkstatt und bitten den Mechaniker, das Problem zu lösen. Wären wir nicht sehr erstaunt, würde er nur die blickende Lampe tauschen, sprich das Symptom beheben, und weiter nichts? Wir würden erwarten, dass er die Ursache behebt und zumindest mehr Öl nachfüllt. Bei alltäglichen Dingen ist uns diese Vorgehensweise sehr logisch. Wir haben ein Problem, also bekämpfen wir die Ursache. Doch bei unserer Gesundheit läuft es genau in die andere

Richtung. Wir haben ein Problem und bekämpfen nur das Symptom. Und nun die Überraschung: Das Problem wird nicht verschwinden. Im Gegenteil, es wird mit der Zeit immer größer und größer, bis sich eine richtige Krankheit auf körperlicher Ebene manifestiert hat. Die Blockade, die dieses Symptom verursacht hat, wird nicht gelöst. Und genau deshalb sind in der heutigen Zeit so viele Menschen wie noch nie krank. Viele haben auf der einen Seite über die Generationen hinweg vergessen, wie ganzheitliche Heilung funktioniert, und auf der anderen Seite gibt es Hintergründe, wo man gar nicht interessiert daran ist, dass die Menschheit gesund ist, denn der Fleisch-, Zucker- und Pharmaindustrie würde da ja ein großes finanzielles Geschäft entgehen.
Westliche Gesundheitssysteme und Krankenversicherungen honorieren primär Menge. Je öfter jemand in Therapie geht, umso höher das Honorar der Behandler:innen. Die Qualität der Behandlung oder die dafür aufgewendete Zeit werden nicht honoriert. Was produziert aber ein System, das ausschließlich Menge honoriert? Menge. Je mehr und je länger wir krank sind, umso besser für die Akteure im Gesundheitswesen.

Teil 1

Optimale Stärkung und Genesung mit dem Jahreszyklus

Der erste Teil des Buches stellt ein grundsätzliches Basiswissen über holistische Zusammenhänge der Traditionellen Chinesischen Medizin (TCM), Kabbala, Emotionen, Phyto- und Lithotherapie bereit.

„Stillstand des Blutes macht krank,
Stillstand des Denkens macht dumm.“
Chinesisches Sprichwort

In Balance mit dem Jahreszyklus der TCM

Die Traditionelle Chinesische Medizin – kurz TCM – ist eine Heilkunde mit jahrtausendalten Wurzeln, die den ganzen Menschen in den Mittelpunkt rückt. Eine große Rolle spielt hier die Betrachtungsweise von Yin und Yang, die zusammen das TAO – der Weg des Universums – bilden.

Yin und Yang

Yin und Yang gehören zu den ältesten und fundamentalsten Grundbegriffen der chinesischen Medizin und Philosophie. Sie stehen für die Grundkräfte des Lebens, sind untrennbar miteinander verbunden und bedingen einander. Die Pomande ist als Symbol zu sehen, das die Wechselwirkung der polaren Kräfte (Tag und Nacht, hell und dunkel, Hitze und Kälte etc.) veranschaulicht.

YIN – der schwarze Bereich in der Pomande steht hier für Dunkelheit, Ruhe, passives Empfangen, das Weibliche und Weiche.
YANG – der weiße Bereich – bedeutet Sonne beziehungsweise Helligkeit und Wärme, aktives Geben und Männlichkeit. Alles be-

sitzt ein Gegenteil und bildet dadurch erst ein gemeinsames Ganzes – eine Einheit.
Ein besseres Verständnis für die enge Verbindung von Yin und Yang liefert uns das Bild einer brennenden Kerze. Darin steht die Kerze für den Yin-Aspekt und die Flamme repräsentiert den Yang-Aspekt. Nie können beide gleichzeitig stärker oder schwächer sein. Das bedeutet: Nimmt die Kraft der Flamme zu, dann brennt die Kerze schneller herunter. Sind beide in Balance, dann brennt die Kerze langsam und ruhig. Diese Betrachtungsweise gilt umgelegt auch für uns Menschen. Sind wir gesund, sind diese beiden Kräfte Yin und Yang im Gleichgewicht. Gerät dieses Gleichgewicht aus dem Takt, dann kommt es zu eine Dysbalance beziehungsweise Disharmonie, und dies kann wiederum zu einer Entstehung von Krankheiten führen. Nach der TCM ist daher jede Krankheit auf ein Ungleichgewicht des dynamischen Zusammenspiels von Yin und Yang zurückzuführen. Neben Akupunktur und Ernährung spielt in der TCM auch die Kräutertherapie eine ganz wesentliche Rolle bei der Behandlung von Disharmonien. Die Chinesen wussten schon damals, dass Körper, Seele und Geist eine Einheit bilden. Ein wichtiger Aspekt ist hier die 5-Elemente-Lehre.

5 Grundsubstanzen

Es gibt in der TCM unseren Körper betreffend 5 wichtige Grundsubstanzen, die für verschiedene Lebensabläufe zuständig sind.
Das Qi – die Lebensenergie ist die wichtigste Grundsubstanz von allen. Sie stellt die Vitalität, die Quelle des Lebens oder die innere Kraft dar. Wir unterscheiden zwischen einem pränatalen (vorgeburtlichen) Qi und dem postnatalen (nachgeburtlichen) Qi. Das pränatale Qi wird uns von den Eltern bei der Zeugung mitgegeben. Das postnatale Qi, auch Nahrungs-Qi genannt, gewinnen wir durch hochwertige Nahrung. Das Atem-Qi nimmt die Lunge von der Luft auf. Bei einem gesunden Menschen durchströmt das Qi harmonisch und gleichmäßig den Körper und versorgt ihn mit Lebensenergie. Ist das Qi durch eine Disharmonie blockiert, kann es nicht mehr kräftig durch unser System zirkulieren

und wir werden à la longue auf körperlicher, geistiger und seelischer Ebene krank.

Jing – die Lebensessenz ist mit unseren Genen vergleichbar. Es bestimmt die Entwicklung, das Wachstum, die Fortpflanzung und den Alterungsprozess. Durch gesunde Ernährung, ausreichend Schlaf und Bewegung kann das Jing gestärkt werden.

Shen – die Geisteskraft ist die dritte wichtige Grundsubstanz. Das Qi, Jing und Shen sind eng miteinander verflochten. Shen steht für unseren Geist, der das Denken und unsere Gefühle kontrolliert. Shen ist das zuhause unserer Intelligenz und des Erinnerungsvermögens. Aber auch unsere Emotionen und Erfahrungen beeinflussen die Geisteskraft. Ein gutes und starkes Shen erkennen wir in der Strahlkraft der Augen, einer klaren Sprache und einer positiven Ausstrahlung eines Menschen.

Xue – das Blut ist die vierte Grundsubstanz. Es beinhaltet allerdings viel mehr als unsere westlich-medizinische Vorstellung von Blut. Das Xue beinhaltet auch einen energetischen Aspekt. Es versorgt also nicht nur die Organe mit Nährstoffen und ist für die Befeuchtung des Körpers wichtig, es nährt auch das Qi, welches wiederum für die Bewegung des Blutes zuständig ist. Somit ist das Qi und das Xue eng miteinander verbunden.

Jin Ye – die Körperflüssigkeiten sind die fünfte Grundsubstanz. In der TCM ist es ein Sammelbegriff für alle Körperflüssigkeiten. Damit sind Sekrete, Schweiß, Speichel, Tränen, Urin und auch die Gelenksschmiere gemeint.

Die Meridiane

Die Meridiane sind ein gigantisches Netz an energetischen Leitbahnen, welche alle Bereiche des Körpers wie Organe, Muskeln, Zellen mit Energie und Blut versorgen. Das Qi – die Lebensenergie zirkuliert in diesen Leitbahnen. Es gibt insgesamt 12 Hauptmeridiane, die jeweils mit Yin- und Yang-Organen verbunden sind. Die Hauptmeridiane sind Punkte, die direkt unter der Haut liegen und am einfachsten für Akupunktur und Akupressur zugänglich sind. Jedes Organ hat eine bestimmte Anzahl von Energiepunkten, welches jeweils einen Anfangs- und Endmeridian hat. Besonders in der Akupressur können diese gedrückt und massiert werden, um das Qi zu stärken.

Die 5 Elemente

Die TCM basiert auf der Beobachtung von Naturgesetzen, die sich auch auf den Menschen übertragen lassen. Wir sprechen hier von der 5-Elemente-Lehre. Sie besagt, dass sich im Grunde ALLES auf die 5 Grundelemente

FEUER – ERDE – METALL – WASSER – HOLZ

aufteilen lässt. Diese 5 Grundkräfte unterliegen einem ständigen Wandel. Sie sind also nicht starr, sondern stehen in einer dynamischen Wechselwirkung zueinander. Auch das Heilverfahren von Hildegard von Bingen – sie lebte von 1098 bis 1179 im deutschsprachigen Raum – betrachtete die Themen ganzheitlich, also holistisch, und arbeitete mit einer 4-Elemente-Lehre.

FEUER – LUFT – ERDE – WASSER

Beide Lehren vereinen die These, dass diese Elemente auch im Menschen vorhanden sind. Außerdem gehen sie davon aus, dass sich die Elemente im Menschen widerspiegeln. Hildegard von Bingen sagte dazu: *„Das Feuer hat fünf Eigenkräfte; die Luft hat vier Kräfte. Die Luft dient dem lebendigen Atem der Seele im Menschen, weil sie ihn trägt. Die Erde wird durch Feuer und Wasser gefestigt. Das Wasser ist mit seinen fünfzehn Kräften in der Flüssigkeit und im Blut des Menschen vertreten.“*
Beide Heilkunden fördern die Gesundheit und das Gleichgewicht der Lebensenergie (Qi), die in jedem von uns zirkuliert. Es geht um die Balance, insbesondere um die Zurückführung ins Gleichgewicht. Eine Disharmonie beziehungsweise eine Krankheit bedeutet den Verlust dieses Gleichgewichtes. Wohlbefinden entsteht erst dann, wenn Körper,

Geist und Seele wieder in ein Gleichgewicht zurückgeführt wurden. Beide Philosophien gehen von einem Zusammenspiel aller Kräfte aus sowie von der Entstehung einer Krankheit durch ein Ungleichgewicht. Die 5 Elemente der TCM, FEUER, ERDE, METALL, WASSER und HOLZ werden auch die 5 Bewegungen des Universums genannt. Ihnen sind 5 Wandlungsphasen zugeordnet, die der Beobachtung der Natur entsprechen. Es sind 5 Elemente, die zum Überleben benötigt werden.

Element	Jahreszeit	Wandlungsphase	Yin / Yang
Holz	Frühling	Keimung	Kleines Yang
Feuer	Sommer	Wachstum	Großes Yang
Erde	Spätsommer	Ruhe / Ausgleich	Harmonie
Metall	Herbst	Aufnahme	Kleines Yin
Wasser	Winter	Speicherung	Großes Yin

5 Wandlungsphasen

Die 5 Wandlungsphasen haben einen direkten Einfluss auf den Menschen. Je nach Jahreszeit ist ein Element stärker und empfindlicher. Leben wir mit den Jahreszeiten und der vorherrschenden Kraft, können wir unsere eigenen Selbstheilungskräfte optimal unterstützen, was in weiterer Folge zu einem gesunden und vitalen Lebensstil führt.

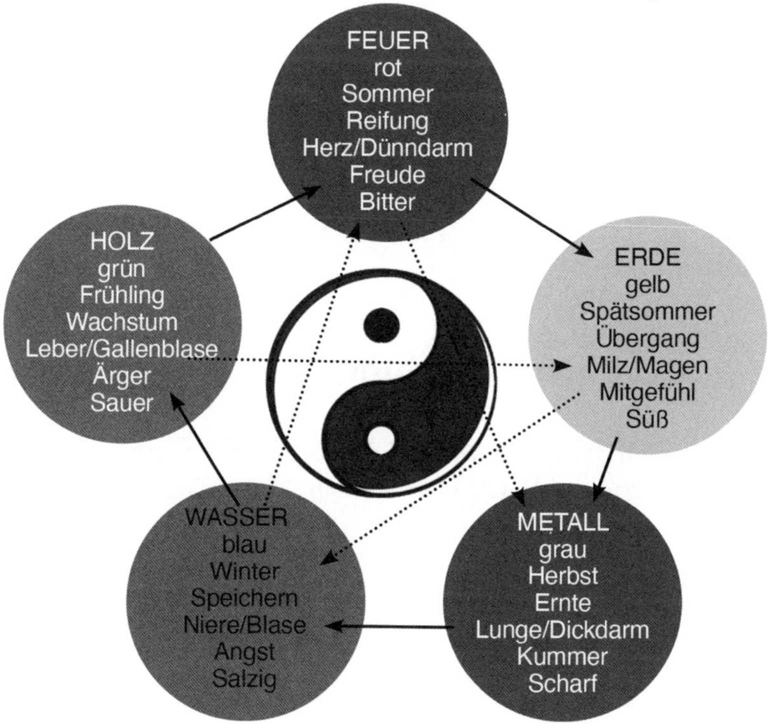

Alle Elemente stehen in einem bestimmten Kontext zueinander und sind voneinander abhängig. Es gibt 4 Zyklusarten, wobei zwei, der Erzeugende und Erschöpfungszyklus, besonders hervorzuheben sind.

Erzeugender Zyklus

Dieser wird auch Entstehungszyklus genannt. Ein Element bildet die energetische Grundlage für das nächstfolgende Element.

HOLZ nährt beim Verbrennen das FEUER;
FEUER nährt ERDE, da Holz zu Asche wird und der Humus die Erde nährt;
ERDE nährt METALL, da es Erze hervorbringt;
WASSER nährt HOLZ, da Wasser die Pflanzen nährt.

Wenn wir in Disharmonie geraten, dann können beide Zyklen auch antagonistisch wirken. Aus einem Erzeugungszyklus wird ein Erschöpfungszyklus.

Erschöpfungszyklus

HOLZ erschöpft WASSER, weil Holz das Wasser aufsaugt;
WASSER erschöpft METALL, weil durch Wasser das Metall zu rosten beginnt;
ERDE erschöpft FEUER, weil Erde das Feuer erstickt;
FEUER erschöpft HOLZ, weil Feuer das Holz verbrennt.

Organpaare

Den 5 Elementen sind 10 Organpaare mit zwei zusätzlichen Funktionen zugeordnet (siehe Darstellung auf Seite 23). In jedem Element befinden sich jeweils ein Yin-Organ und ein Yang-Organ. Diese beiden Organe sind über Leitbahnen (Meridiane) miteinander verbunden. Ferner werden jedem Element noch ein bestimmtes Gewebe, Sinnesorgan und gewisse Körpersäfte zugeordnet. Disharmonien zeigen sich vor allem in diesen zugeordneten Geweben oder Sinnesorganen. Ein Beispiel: Ist das Element Holz im Ungleichgewicht, dann hat das Auswirkungen auf die Leber und Gallenblase. Die Augen sind das zugeordnete Sinnesorgan. Sind die Augen leicht gelblich, ist das ein Zeichen, dass dieses Organpaar mit einer Blockade kämpft.

Organuhr

Die Traditionelle Chinesische Medizin bildet die Grundlage für das Konzept der Organuhr. Im Kern steht die Lebensenergie, das Qi, welches durch unseren Körper fließt. Laut der TCM hat jedes Organ, welches an einen Meridian angebunden ist, eine spezifische Phase der Höchstaktivität und eine darauffolgende Ruhephase und Regeneration, die sich im Tagesverlauf abwechseln. In der Organuhr ist jede Zeitphase einem bestimmten Yin- und Yang-Organ zugeordnet. Diese holistische Verbindung zwischen Zeit und Organfunktion gibt uns einen intensiven Einblick in unseren Biorhythmus. Ein bewusstes Leben mit dem Biorhythmus ermöglicht uns, im Alltag die Leistungsfähigkeit und das Wohlbefinden zu steigern.

Die Organuhr – Ein Tageszyklus im Einklang mit der TCM:

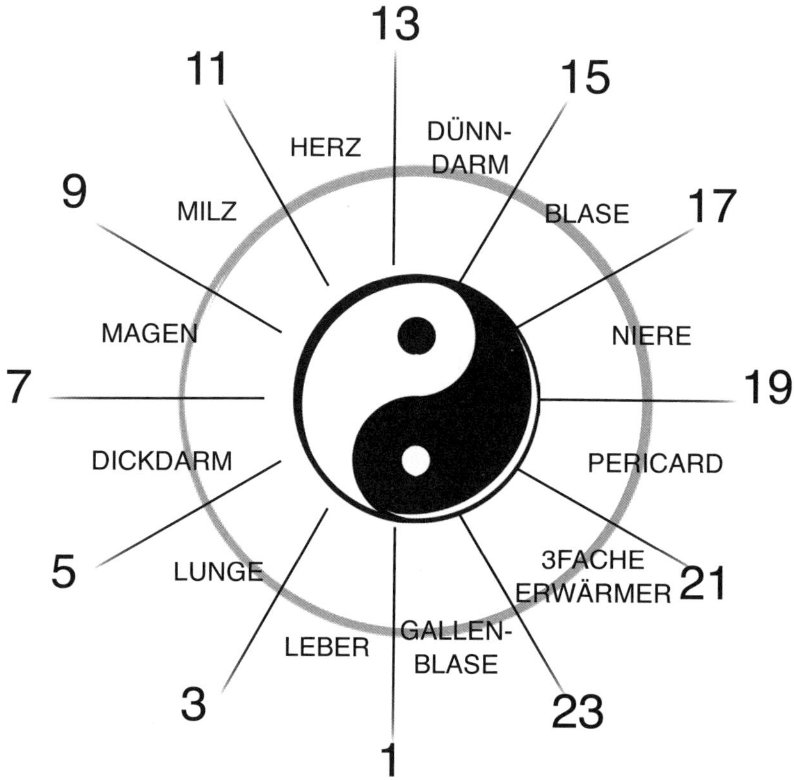

Akupressur zur Soforthilfe

In der Akupunktur werden mittels Nadeln die Meridiane – nicht sichtbaren aber fühlbare und elektrisch messbare Leitlinien – stimuliert. Da dies in Österreich nur Ärzt:innen vorbehalten ist, können wir uns mittels der Akupressur – dem Drücken, Massieren und Klopfen des jeweiligen Meridians – selbst gut unterstützen. Die Akupunktur ist eine sogenannte Ordnungstherapie, in der das Yin und Yang eine große Rolle spielt. Es kann beispielsweise laut Befundung alles in Ordnung sein und trotzdem fühlen wir uns nicht gesund. Der Körper weist hier eine funktionelle Störung auf und zeigt dies im Yin- und Yang-Zustand der Organe und Meridiane. Wird diese Störung nicht behoben, kann dies dann später in weiterer Folge zu einer Organerkrankung führen. Ist das Gleichgewicht mittels Akupunktur oder Akupressur wieder hergestellt, funktionieren alle Organe wieder normal.

Folgende Zusammenhänge haben die 5 Elemente mit den Organen:

Leber/Galle: Auge, Zorn, Wind, Holz, Frühling, grün, Nerven, sauer.

Herz/Dünndarm: Zunge, Freude, Hitze, Feuer, Sommer, rot, Gefäße, bitter.

Milz/Magen: Mund, Lippen, (Nach)denken, Feuchtigkeit, Erde, gelb, Muskelernährung, süß.

Lunge/Dickdarm: Nase, Trauer, Trockenheit, Metall, Herbst, weiß, Haut/Haare, scharf.

Niere/Blase: Ohr, Angst, Kälte, Wasser, Winter, schwarz, Knochen/Zähne, salzig.

Störungen in diesen Zusammenhängen spielen als Krankheitsursache eine bedeutende Rolle. Andere Krankheitsursachen können Fehlernäh-

rung, physischer und psychischer Stress, Hetze, Umwelteinflüsse etc. sein.
Die Körperakupunktur und -akupressur hat eine enorm starke harmonisierende Wirkung. Es gibt unterschiedliche Methoden, die hierbei angewendet werden können. Die Nadelung erfolgt, wie bereits erwähnt, durch eine:n TCM-Arzt/Ärztin. Gewerbliche Heilmasseur:innen verwenden bei der Meridianmassage sogenannte Akupunkturstifte, um den Meridian flächig zu therapieren. Die Punktmassage können wir aber auch selbstständig bei uns anwenden, indem wir mit der Fingerkuppe eine leichte Vibration am entsprechenden Meridian durchführen. Man darf danach keine Druckstelle sehen. Die Dauer beträgt 10 - 30 Sekunden. Weniger ist hier definitiv mehr.
Für eine stärkere Akupressur nimmt man den Fingernagel, eine stärkere Häkelnadel oder eine Knopfsonde. Auch hier bleibt man am Meridian und drückt stärker und länger als eine Minute. Nach kurzer Pause kann im Notfall die Pressur wiederholt werden.

Im Teil 2 des Buches gibt es zu jedem Organ die Information, welcher Anfangs- und Endmeridian sich neben den üblichen Erste-Hilfe-Maßnahmen zu einer Soforthilfe eignet.

„Wenn du das Geheimnis des Universums entschlüsseln möchtest, musst du anfangen, in Energie, Frequenz und Vibration zu denken."

Nicola Tesla, Ingenieur (1856 - 1943)

In Balance mit unseren Gefühlen – Emotionen als Wegweiser

Unser Bewusstsein enthält drei wesentliche Aspekte – einen mentalen, emotionalen und einen spirituellen Aspekt. Durch diese Mischung sehen wir unsere Welt als die, was sie ist. Jeder für sich ganz individuell. Wir sind alle unabhängig voneinander geprägt durch unsere Erfahrungen, die wir auf der Erde machen, und der Art und Weise, wie wir auf diese reagieren. Wir haben (meist übernommene) Werte, bestimmte Vorstellungen, wie etwas zu sein hat, und ganz tiefe Überzeugungen.

Diese innere Weisheit kann über den Körper getestet werden. Der amerikanische Psychiater und Mystiker David R. Hawkins entwickelte eine Skala der unterschiedlichen Bewusstseinsebenen. Sie dienen als eine sogenannte Landkarte und helfen uns, unseren Bewusstseinszustand energetisch einzustufen. Es gibt insgesamt 17 Ebenen. Wir können uns selbst anhand eines kinesiologischen Muskeltests, welcher das zentrale Werkzeug im komplementärmedizinischen Diagnose- und Therapie–verfahren der Kinesiologie ist, testen, in welchem Bewusstseinszustand wir uns aktuell befinden. Die Kinesiologie an sich verbindet dabei die Elemente der TCM und der Chiropraktik und bezieht Körper, Geist und Seele mit ein. Die untersten Ebenen beinhalten die Emotionen auf der Skala von 20 bis 175, wie Scham, Schuld, Trauer, Kummer, Angst, Begierde, Wut und Stolz. Diese Emotionen sind sehr auf das Ego be-

zogen und bringen Körper, Geist und Seele aus der Balance. Befinden wir uns auf diesen Ebenen, surfen wir auf ihnen hin und her, dann sind wir mit uns selbst und mit der Welt nicht in Harmonie. Wir haben ein begrenztes Bewusstsein und befinden uns ständig in einem sogenannten Opfer-Modus. Wir leben sozusagen fremdbestimmt. Emotionen in diesen Ebenen sorgen auf der körperlichen Ebene für Stress. Es werden Stresshormone, wie Adrenalin, Noradrenalin, Cortisol etc. ausgeschüttet, die uns in weiterer Folge übersäuern und der Nährboden für die Entstehung von Krankheiten sind.
Ab der Skala von 200 werden wir mutiger. Das ist der Wendepunkt, an dem die Emotionen positiv getestet werden können. Davor befinden wir uns in einem Mangelbewusstsein und fühlen uns von allem abgetrennt. Wir wollen Dinge haben, sind aber nicht bereit, etwas zu geben. Nun aber kommen wir in eine Bewusstseinsebene, wo wir den Mut aufbringen, selbstbestimmt in die Veränderung zu gehen. Wir werden Schöpfer unseres Lebens. Wir sind nun in einem Füllebewusstsein und fühlen uns mit allem (Erde und Himmel) verbunden. Im Schöpfermodus geht es um das Geben-Wollen. Wir wollen dienen.
Ab der Bewusstseinsebene 500 streben wir in Richtung Erleuchtung. Unser Hauptziel ist das Wohl der Menschen und des Planeten. Ab 700 ist unser Bewusstsein rein und klar. Dies strebt jede Seele an. Im kabbalistischen Lebensbaum beinhaltet diese Bewusstseinsebene die erste Welt Kether. Es ist das Ziel unserer spirituellen Suche. Wir sind (wieder) vollkommen und unser gesamtes Sein ist göttlich. Auf dieser Ebene wurden die größten Lehren der Menschheit erschaffen, wie beispielsweise die Lehre von Buddha.

Die Einordnung unserer Gefühle hilft uns daher, herauszufinden, auf welcher Bewusstseinsebene wir uns befinden. Wenn wir selbstreflektiert sind, erkennen wir, ob es uns weiterbringt im Leben oder ob wir uns auf Dauer selbst schaden.
Wir haben immer die Wahl, wie wir uns fühlen wollen. Wir haben die Wahl, ob wir die Macht über unser Gefühlsleben abgeben oder ob wir selbst darüber bestimmen, wie wir uns fühlen wollen. Wenn wir mit den Ergebnissen in unserem Leben nicht einverstanden sind, dann

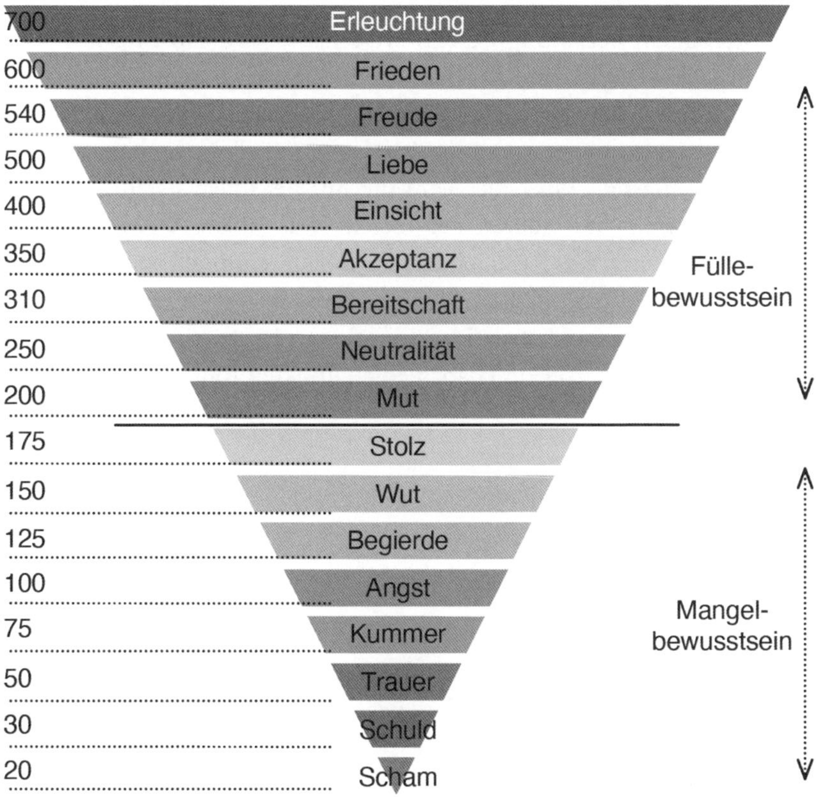
700
Erleuchtung
600
Frieden
540
Freude
500
Liebe
400
Einsicht
350
Akzeptanz
310
Bereitschaft
250
Neutralität
200
Mut
175
Stolz
150
Wut
125
Begierde
100
Angst
75
Kummer
50
Trauer
30
Schuld
20
Scham
Fülle-
bewusstsein
Mangel-
bewusstsein

müssen wir andere Entscheidungen treffen, die uns auf eine andere Frequenz bringen. Denn Gleiches zieht Gleiches an. Das ist ein universelles Gesetz. Haben wir es satt, Angst zu haben, dann brauchen wir Mut, um die Ursache hinter der Angst zu erkennen. Sonst ziehen wir im Außen weiterhin Situationen und Menschen in unser Leben, die genau auf dieser Frequenz beziehungsweise Bewusstseinsebene schwingen.
Es gibt viele verschiedene Möglichkeiten, die Bewusstseinsebenen emporzuklimmen. Dass, was alle Möglichkeiten vereinen, ist, die bewusste Entscheidung zu treffen, in die Veränderung zu gehen, die niedrige Frequenz zu verlassen. Ein neuer Umgang mit negativen Erfahrungen ist hier angebracht. Wir sollten uns fragen: Was ist die Weisheit hinter dieser Erfahrung? Was kann ich lernen? Woran kann ich wachsen? Was lässt meinen Geist dehnen, mein Bewusstseinsfeld erweitern?
Im Loslass-Prozess von negativen Emotionen haben sich drei Aspekte besonders bewährt. Alle drei haben einen direkten Einfluss auf eine Frequenzanhebung.

1. Dankbarkeit
2. Vergebung
3. Klopftechnik[1]

Letztere stammt aus der energetischen Psychologie. Durch die bestimmte Abfolge einer Klopfakupressur ist eine Selbsthilfemaßnahme zur Bewältigung von negativen Gefühlen, wie Stress, Angst, Selbstzweifel etc., möglich. Ziel der Klopfakupressur ist es, wieder mehr in die Selbstbestimmung zu kommen und einen besseren Umgang mit den negativen Gefühlen zu erhalten.

Alles, worauf wir uns fokussieren, wird sich vermehren. Wir haben immer die Wahl, wie lange wir auf einer Bewusstseinsebene verweilen möchten. Unsere Seele strebt die höchste Bewusstseinsebene an: die Erleuchtung. Die Frage ist, schaffen wir es in diesem Leben noch, oder müssen wir wiederkommen?

---

[1] Im Onlinekurs „Ein Kurs in emotionaler Freiheit“ werden Klopftechniken geschult, die unterstützen, negative Emotionen rasch aufzulösen – siehe Quellenverzeichnis

„Wem die Weisheit der Kabbala unbekannt ist,
der kann Äußeres, Sichtbares, Materielles erkennen.
Das Wichtigste ist jedoch das Innere,
was auf den Wegen der inneren Lenkung erkannt wird."
Rav Chaim Luzzato – Kabbalist des 18. Jahrhunderts

In Balance mit der Kabbala

Der Schöpfungsbogen

Die Kabbala beinhaltet den Anfang und das Ende unserer Zeit. Die Kabbalist:innen unserer Zeit gehen davon aus, dass unseren Seelen in der Vollkommenheit, dem Paradies, wo wir einst herkamen (und jetzt wieder zurückwollen), langweilig geworden ist. Wir sind regelrecht aus dem Urknall herausgepurzelt und haben uns in einem Universum wiedergefunden, in dem alles bipolar verläuft. Es gibt ein Gut und ein Böse, Licht und Dunkelheit, Tag und Nacht etc. Wir haben uns zwar auf die Erde fixiert, aber dennoch gibt es eine wesentliche Verbindung zu Gott beziehungsweise dem Universum. Unsere Göttlichkeit beziehungsweise der göttliche Funke in uns ist eine schwingende universelle Kraft.

Die Kabbala besagt, dass wir hier auf der Erde nur 1% unseres Lichts leben und 99% in der Dunkelheit sind. Diese These bestätigt sich darin, dass das menschliche Ego sehr stark ist und wir uns deshalb schwertun, mehr Licht „hineinzulassen". Für einen ganzheitlichen und erfüllten Lebensstil ist es allerdings wichtig, dass wir die Göttlichkeit beziehungsweise die Kraft des Universums wahrnehmen und uns mit unseren eigenen Zahlen beschäftigen. Zahlen? Ja genau. Richtig gelesen. Der Kabbala liegt ein Zahlenmysterium zugrunde, welches viel älter ist als unsere biblische Schöpfungsgeschichte. Mit dem Wissen über die Kabbala können wir Menschen leichter den eigenen Seelenanteil ansprechen. Wir denken nämlich in Bildern und brauchen daher auch die Zahlen.

Die Macht der Zahlen

Die Kabbala an sich ist eine mystische Tradition des Judentums und vereint ein Uraltwissen, welches nicht allen Menschen automatisch zur Verfügung gestellt wird. Nur Auserwählten wird Zugang über mündliche Überlieferungen dazu gewährt. Es hat einen Grund, warum dieses Wissen bisher zurückgehalten wurde. Die Interpretation der Zahlenmystifikation ist sehr machtvoll, und falsch eingesetzt kann es manipulativ und schädlich wirken. Richtig eingesetzt allerdings bringt es mehr Kenntnisse über sich selbst, den eigenen Gesundheitszustand und den Sinn des Lebens. Wir gehen sogar soweit, dass wir sagen, dass dieses Wissen die Lebensqualität und die Gesundheit maßgeblich beeinflusst. Das Wort Kabbala hat folgende Bedeutung:

KAB bezieht sich auf Körper und Geist,
BALA auf die Seele und die Ernte.

Die Kabbala hilft uns Menschen, die richtigen Lebensimpulse zu empfangen und danach zu handeln. In den Schwingungen unseres Geburtstages, der Tagesqualitäten vom 1. bis zum 31. des Monats, verbergen sich unsere Anlagen, Charaktere, Wesen und Seins-Arten. Dieser Mix hat einen starken Einfluss auf unsere Essenz – den göttlichen Lebensstrom. Leben wir nicht nach unseren Lebensimpulsen und kommen dabei von unserem Lebensplan ab, dann fühlt sich alles schwierig, mühsam und falsch an. Unsere Energie, unsere Schwingung wird sehr niedrig und zieht gleichermaßen Dinge, Situationen und Menschen in unsere Leben, die genau dieser niedrigen Schwingung entsprechen – das entspricht dem universellen Gesetz der Resonanz. So entsteht ein großes Ungleichgewicht, und das macht uns physisch wie auch psychisch früher oder später krank.

Die mystische Sichtweise

Das *Buch der Formung* enthält die erste Schrift über die Kabbala und wurde vom Patriarchen Abraham vor mehr als 4000 Jahren geschrieben. Es soll alle Mysterien des Universums enthalten. Es ist ein altes kabbalistisches Vermächtnis, welches auf die meisten großen Weltreligionen Einfluss genommen hat. Sowohl das *Buch Mormon* als auch im *Koran* wird es als das *Buch Abraham* zitiert. Darüber hinaus wurden Teile der kabbalistischen Weisheiten Abrahams vom Patriarchen selbst an einige seiner Kinder weitergegeben, die dann gen Osten zogen, um dort die uns mittlerweile so vertraute spirituellen Wege zu bereiten, wie Zen-Buddhismus und Hinduismus. Die Kabbala wurde aber erst durch den größten Propheten aller Zeiten – Moses (1446 v. Chr.) in ihrer Gesamtheit herausgegeben.
1000 Jahre später soll auch Pythagoras, der als Mathematiker und Mitbegründer der heiligen Geometrie, aus dem alten Griechenland über dieses Wissen in Kenntnis gesetzt worden sein. Auch viele andere Philosophen, wie Platon, Aristoteles, setzten dieses geistige Kapital für die Grundlagen ihrer eigenen Philosophien ein. Es zeigte schon damals wertvolle Hinweise auf und war Richtungsgeber für eine vollkommene und holistische Lebensweise.

„Der Geist ist wie ein Fallschirm:
Er kann nur funktionieren,
wenn er offen ist."

Walter Gropius – deutscher Architekt des
20. Jahrhunderts

Aus der mystischen Sicht geht es in der Kabbala darum, dass wir uns selbst auf dieser Erde (wieder) finden, um ins Gleichgewicht zu kommen und in Harmonie zu leben. Wir kamen aus der Vollkommenheit in die Unvollkommenheit, um uns auf seelischer Ebene weiterzuentwickeln, und streben nun wieder die Vollkommenheit an.

Die Mathematik ist das Alphabet, mit dem Gott die Welt geschrieben hat.

Es gibt in der Kabbala insgesamt 78 Zahlen (Gotteszahlen):
1+2+3+4+5+6+7+8+9+10+11+12=78
Die 12 steht für die Vollständigkeit, und so wird die Zahl 78 als das große Ganze betrachtet. Jede Zahl hat zwei Seiten. Wir können die Zahl positiv wie auch negativ leben. Gleichzeitig hat aber auch jede Zahl eine Qualität und Schwingung bezüglich Tag, Monat und Jahr. Wir können uns also anhand unserer Geburtszahlen stärken, wie auch täglich aufgrund der jeweiligen Tagesqualität. Auch können wir unser Karma mit den Zahlen erlösen, die Lern- und Lebensaufgabe herausfinden und den Lösungsweg dazu beschreiten. Die Zahlen sind unfassbar machtvoll, wenn man über dieses Wissen verfügt. Die Kabbala ist also ein hervorragendes Werkzeug zur eigenen Selbsterkenntnis.

Der Lebensbaum

In unserer biblischen Schöpfungsgeschichte sprechen wir vom Paradiesbaum, der Baum der Erkenntnis. In der Kabbala gibt es ebenfalls einen Paradiesbaum: der Kabbalistische Lebensbaum, auch „Sephirot-Baum" genannt. Er ist das zentrale Symbol der Kabbala. Sephirot bedeutet auf hebräisch Ziffer oder Zahl und bezieht sich auf die zehn göttlichen Emanationen – die Ausstrahlung des menschlichen Geistes. Wie ein Vergleich zum Christentum zeigt, gibt es auch hier einen zentralen Baum – den Baum der Erkenntnis im Garten Eden. Es steht alles im Zusammenhang von Gut und Böse, der bipolaren Welt.
Die Kabbala besagt, dass die Struktur des Lebensbaumes in jedem Lebewesen, egal ob Mensch oder Tier, angelegt ist. Es handelt sich um das Muster Gottes beziehungsweise des Universums. In Bildsprache bedeutet es, dass der Mensch wie ein Mosaik ist. Stück für Stück ergibt sich ein Bild.
Der Lebensbaum enthält sogenannte 10 Welten oder auch 10 himmlische Tore genannt. Hinter jeder einzelnen Welt steht eine Ziffer, die die

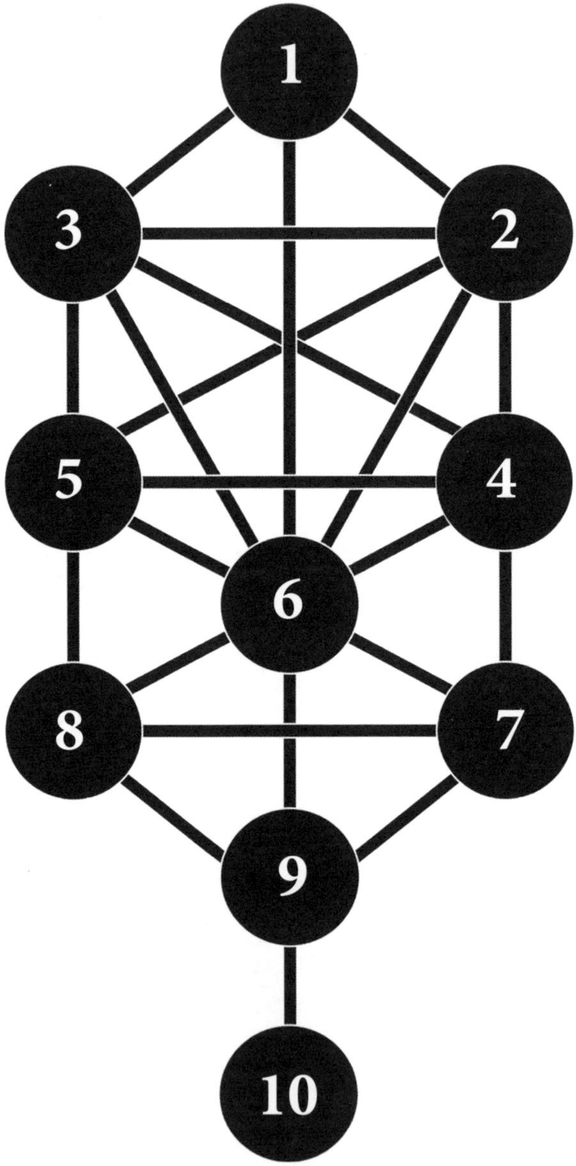
1
3
2
5
4
6
8
7
9
10

göttliche Schöpfung im Mikro- wie auch im Makrokosmos widerspiegelt. In diesen zehn Sephirots kann der Mensch aus kabbalistischer Sicht alle seine Ziele erreichen. Der Lebensbaum ist in gewisser Weise die Vertiefung der Zahlenlehre und stellt den sogenannten Lösungsweg für uns Menschen dar. Denn jeder von uns hat eine einzige Aufgabe: den eigenen Lebensplan zu erfüllen.

Das schon heilige Wissen über die Schwingung des eigenen Geburtsdatums gibt darüber sehr viel Aufschluss und stellt sozusagen eine Abkürzung im Leben dar. Wir müssen nicht zwingend die großen Stolpersteine des Lebens überwinden, wenn es einen einfacheren Weg – den Lösungsweg – gibt.

Wie bereits erwähnt, bringen die meisten Menschen nur 1 - 2 Prozent ihres Lichts in die Welt. Der Rest ist Unwissen und liegt in der Dunkelheit. Es wartet allerdings nur darauf, endlich entdeckt und gelebt zu werden. Viele Menschen beginnen aus Krisen heraus und auch ab der Lebensmitte sich selbst zu fragen, ob das schon alles war. Was in unserer heutigen Zeit besonders gut zu beobachten ist, ist, dass gerade die jungen Generationen ihren persönlichen Ruf viel früher spüren als die Altvorderen. Es ist der Ruf der eigenen Berufung. Man möchte etwas Besonderes mit der Welt teilen. Vielen geht es darum, etwas Sinnvolles zu tun und so einen eigenen Beitrag für die Welt zu leisten. Doch solange das Wissen über den eigenen Lebensplan nicht „angezapft" ist, tappt man im Dunkeln.

Menschen, die nach der Kabbala leben, haben eine starke spirituelle Verbindung mit dem Mikro- und dem Makrokosmos. Sie können ihr kleines Ego (Verstand) leichter ausschalten und damit Grenzen auflösen. Jeder lebt seine eigene Wahrheit. Genau das entspricht der heiligen „ICH BIN"-Frequenz beziehungsweise Schwingung.

Die ersten drei Welten, 1, 2 und 3, sind die Gefäße, die „ganz" sind und mit göttlichem Licht gefüllt sind. Die restlichen 7 Welten beziehungsweise Gefäße sind zersprungen. Dadurch entstand die Unvollkommenheit mit ihren Schwächen und den dunklen Seiten – die Scherben, die als Ursache für die Dualität gelten. Jeder Mensch besteht aus diesen Scherben. In der Kabbala heißt es aber nicht, dass der Mensch als solches schlecht ist, er ist nur UNVOLLKOMMEN! Wenn wir unsere Seele also wieder reinigen wollen, heißt das in der Lebensbaumwelt, dass wir unsere Gefäße wieder herstellen beziehungsweise wieder ganz werden lassen wollen. Tun wir dies, dann tritt HEILUNG ein!

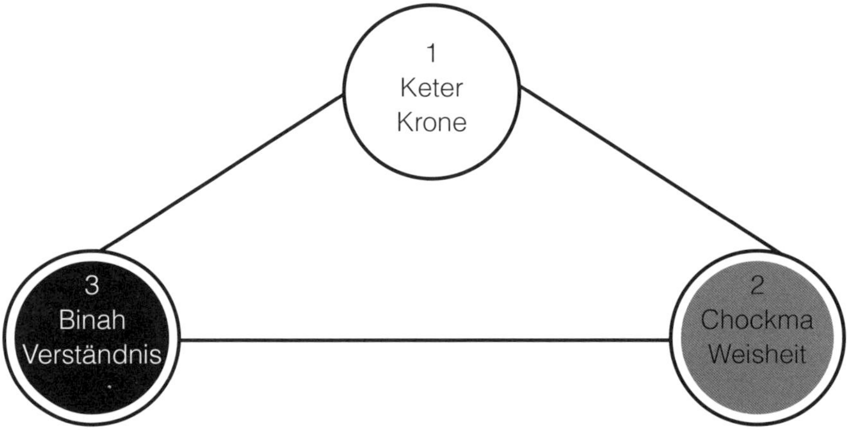

Im „Sohar", das Buch, in dem alle spirituellen Zustände, die ein Mensch während der Entwicklung seiner Seele erlangt, enthalten sind, wird erläutert, dass die Seele irgendwann zur Einsicht gelangt, dass der einzige Ort, wo sie Lernfortschritte und Weiterentwicklung machen kann, die Erde – die 10er Welt Malkut – ist. So entschließt sie sich zu reinkarnieren. Durch das Tor der irdischen Geburt klammert die Seele sich an einen grobstofflichen Körper und ist so der Erdanziehungskraft unterworfen. Dieses physische Naturgesetz zwingt alle Seelen, auf einer Ebene zu bleiben. So kann die Seele mit allen Bewusstseinsqualitäten sich und anderen begegnen, kommunizieren, voneinander und miteinander lernen.

10er Welt „Malkut" ist ein Rad, das sich dreht. Es wird auch Schicksalsrad genannt. Das ist unser Königreich auf dieser Erde, in dem wir mit all unseren Sinnen, Tun und Handlungen leben. Noch ist diese Welt unvollendet – und zwar so lange, bis der Mensch sich mit dem Urgrund vereint. Der Urgrund ist das, woraus alles entsteht und alles wieder zurückkehrt. Ohne Urgrund ist keine Entwicklung möglich. Es ist die Welt der uns bekannten Elemente, wie Luft, Licht, Feuer, Wasser und Erde. Diese Welt stellt unser physisches Universum (Atome, Körper, Erde, Sterne etc.) dar – sprich alles, was wir sehen und angreifen und erfassen können.

9er Welt „Jesod" ist unser Fundament. Hier erleben wir das Reich unserer Seele und Persönlichkeit und deren Entwicklung.

8er Welt „Hod" ist die Rechtschaffenheit und die Welt des Herzens.

7er Welt „Nezach" ist der Spiegel unserer Lebenskraft und Vitalität.

6er Welt „Tipheret" beinhaltet unseren inneren Wesenskern. Es dreht sich hier alles um die NOT-WENDIGKEIT und die Leidenschaft, den LEIDENS-SINN. Es geht darum, die Schönheit in die Welt zu bringen.

5er Welt „Geburah" beinhaltet die Fähigkeit, in die Vergebung zu gehen. Das Lachen ist frei!

4er Welt „Chesed" – hier ist die Gnade beheimatet. Jeder Aspekt des Lebens wird erkannt.

3er Welt „Binah" – herrscht vorrangig die Einsicht. Es geht darum, die eigene Welt durch Intelligenz und Verstand zu erschaffen.

2er Welt „Chokmar" wird die göttliche Schöpfung bereits verstanden und die innere Weisheit gelebt.

1er Welt „Kether“ – ist die Welt, wo man alles erreicht hat. Es handelt sich um die „10“ Berührungen. Sie sind angenommen, verankert und werden gelebt. Das absolute Bewusstsein ist integriert und die Macht darüber ist entwickelt. Aus dieser Welt tritt man in die Sphäre von „AIN SOPH“ – in die Unendlichkeit – ein. Durch das Durchleben der 10 Welten erschaffen wir uns beziehungsweise unsere Seele den eigenen Zugang.

Der Schlüssel zu mehr Erfüllung

Wenn wir uns die Fragen stellen, was LEBEN eigentlich ist, kann eine mögliche – sehr kraftvolle – Antwort sein: „Bringe bedingungslose Liebe ein ...“. Denn nur durch erlebtes Leiden können wir wieder irgendwann ein vollkommener Teil des Ganzen werden, ohne unsere Identität aufgeben zu müssen. Die Kabbala kann für viele Menschen in der heutigen Welt der Schlüssel zu mehr Balance und Vollkommenheit sein. Zusammen mit einer Lebensweise nach den Elementen im Jahreszyklus, dem Wissen über die Schwingung der eigenen Geburtszahlen inklusive der hochschwingenden hebräischen Buchstaben lässt den Menschen seine Fähigkeiten und Schwächen nicht nur besser erkennen, sondern auch ausgleichen. Die persönliche Potenzialentfaltung erfolgt vergleichsweise mit Raketenschub. Ziele lassen sich schneller und effizienter erreichen. Die Lebensspur wird zur Erfolgsspur.

„Der Körper ist das Auto unserer Seele,
der uns durch das Leben fährt.“

Von unserer Geburt bis hin zu unserem irdischen Ende sind wir mit Zahlen verbunden. Wir sprechen hier von der Wiederherstellung der göttlichen Ordnung. Jede Zahl hat ihre eigene Schwingung.

Die Kraft der Gesundheitszahlen

Die Kabbala fungiert im Zahlensystem ähnlich wie ein Künstler, der Mosaiksteinchen über Mosaiksteinchen zu einem Bild zusammenfügt. Wir Menschen verfügen über so ein Bild – ein Zellenbild. Die kabbalistischen Zahlen oder die zugeordneten Hebräischen Buchstaben können unseren Körper erfassen, der bekanntlich auch ein eigenes Bewusstsein hat – ALLES schwingt! Wir können mit diesen Zahlen, die wir in diesem Buch als Gesundheitszahlen beschreiben, die einzelnen Elemente, denen ja, wie bereits erwähnt, Organpaare zugeordnet sind, ganzheitlich unterstützen. Diese Gesundheitszahlen finden sich in der Kabbala in den unterschiedlichen Welten (Stab-, Kelch-, Schwert- und Münzwelten) wieder.
Hinter jeder Zahl steht eine ihr entsprechende Vibrationsstruktur, die mit der Steuerung aus der geistigen Sphäre verbunden ist. Die im Buch beschriebenen Zahlenreihen fördern die Strukturierung des Bewusstseins und dienen der Herstellung des Normzustandes – nach der Norm der Schöpfung.

„Heilung bedeutet: Die Wiederherstellung der Norm!"

Die wichtigste Voraussetzung beim Benutzen der Heilzahlen ist die Selbstdisziplin und der Glaube an die Zahlen. Sonst funktionieren sie nicht. Wir werden bei den Gesundheitszahlen nur Erfolg haben, wenn wir völlig sicher sind, dass eine Verbesserung oder Heilung eintritt. Es gibt hier kein Entweder-oder. Denn mit solchen wertenden und bewertenden Gedanken blockieren wir uns nur selbst – unsere Intuition.
Die Zahlen haben die Kraft, physische und psychische Prozesse zu verändern und den Heilungsprozess zu unterstützen. Es gibt ein- und mehrstellige Gesundheitszahlen. Die einstelligen Zahlen 1 bis 9 haben eine universelle Bedeutung und nehmen einen Bezug auf den Menschen selbst, wie beispielsweise Umrisse seines Charakters und wie er durch die Augen seiner Mitmenschen wahrgenommen wird. Die zwei-

stelligen Zahlen nehmen mehr Bezug auf das, was sich „hinter den Kulissen“ abspielt. Damit sind Kräftespiele und Vorgänge des Schicksals gemeint, die sich im Verborgenen abspielen. Wird beispielsweise die Zahl der Goldenen Mitte 5 mit der höchsten Grundzahl 9 multipliziert, dann ergibt sich 45. Zählt man die geheimnisvolle 7 dazu, ergibt das die Zahl 52, welches der Wochenanzahl eines ganzen Jahres entspricht. Multipliziert man 52 mit der Zahl 7, erhält man 365 Tage. Die Jahresrechnung der alten Völker besagt, dass der 365. Tag der „Heilige Tag“ und als weihungsvoller begangener Feiertag anzusehen ist.
Eine 4 bündelt erstmalig das Göttliche und Universelle – vom Himmel auf die Erde herab. Sie gibt Struktur und Halt. Gesammelte und verarbeitete Heilpflanzen zu Tee, Tinkturen, können beispielsweise mit dieser Zahl beschriftet werden. Diese hohe Schwingung manifestiert sich in der Wirksamkeit. Das heißt, die Heilkraft der Pflanze potenziert sich mit der beschrifteten 4 noch zusätzlich.
Generell wenden wir nur eine 3-stellige Zahl auf einmal an. Denn wir wirken auf das Immunsystem. Und das Immunsystem wirkt immer da, wo es akut benötigt wird. Arbeiten wir mit mehreren Zahlenkombinationen gleichzeitig, verwirren wir unser System.
Unterstützen können wir uns selbst, indem die gewünschte Gesundheitszahl auf ein Seidenpflaster geschrieben und auf die Hautstelle des betroffenen Organes beziehungsweise den erkrankten Körperteil geklebt wird. Ist dieser erkrankte Teil nicht sichtbar, können wir die Zahl zwischen Daumen und Zeigefinger schreiben. Auch eine Visualisierung der Zahl im Geiste hilft dabei, den Zustand einer Harmonisierung zu unterstützen. Eine weitere Möglichkeit besteht darin, die Zahl auf einen Karton oder ein Blatt Papier zu schreiben und unter das Schlafkissen zu legen.
Die Anwendung einer Zahl ist in der Regel für 28 Tage angedacht. Ab dem 29. Tag haben wir diese Schwingung in unserem Zellenleben komplett auf- und angenommen. Mit den Gesundheitszahlen heilen wir AUS, wohingegen wir in der Schulmedizin die Krankheit EINheilen beziehungsweise ruhigstellen.

„Die ganze Natur steht dem Menschen zu Diensten ... und legt ihm freudig ihre Güter ans Herz."

Hildegard von Bingen – Natur- und heilkundige Universalgelehrte des 11. Jahrhunderts

In Balance mit Heilpflanzen

Um ganzheitlich gesund und vital zu altern, ist die Verwendung von Heilpflanzen unerlässlich. In vielen Heilverfahren, wie die der TCM und Hildegard-Medizin, kommen Heilpflanzen zum Einsatz. Alleine die TCM vereint in ihrer Arzneimitteltherapie über 3000 Pflanzen und Mineralstoffe. Phytotherapeutika haben mehrere Wirkungsbereiche. Vor allem sind es fünf (siehe „5", wie in der TCM-Elementelehre) Arzneimitteleigenschaften:

- 5 Geschmacksrichtungen
- 4 Temperaturausstrahlungen – thermische Wirkung
- die Stufe der Toxizität – die Dosis macht es bekanntlich aus
- 4 Wirkungsrichtungen: aufsteigend, absenkend, zerstreuend und zusammenziehend
- der Bezug zu den klassischen inneren Organen (Organzuordnung)

Zubereitungen von Pflanzen

Die Zubereitungen von heimischen Heilpflanzen sind üblicherweise in Form von Auszügen, Infus (Aufguss), Aufkochen (Dekokt) oder Tinkturen (alkoholische Auszüge) aufzubereiten.

Vorteile von westlichen Pflanzen

Der englische Biologe Jermey Ross[2] hat vor mehr als 25 Jahren ein System erarbeitet, welches die westliche Kräuterheilkunde mit der Traditionellen Chinesischen Medizin ergänzt. Sein Konzept einer integrativen chinesischen Medizin (ICM) ist zukunftsweisend. Auch der österreichische Allgemeinmediziner Dr. Florian Ploberger[3] hat ein umfassendes Werk zu diesem Thema geschrieben. In diesem Buch werden 235 heimische Heilpflanzen mit ihrer thermischen Wirkung, Organzuordnung und Dosierung beschrieben, wie beispielsweise Rosmarin, Basilikum, Frauenmantel, Löwenzahn etc.
Ein wesentlicher Vorteil der westlichen Pflanzen im Gegensatz zu den chinesischen Heilpflanzen ist der, dass diese meist kostengünstiger sind. Auch der ökologische Fußabdruck, die vermutlich geringere Schadstoffbelastung, der Einsatz von Pestiziden etc. sprechen für ihre Wahl. Im Vergleich zu China, wo aus heutiger Sicht und Gegebenheiten andere Umweltstandards gelten.

Das 1x1 beim Sammeln von Heilpflanzen

Es gibt ein paar wichtige Regeln, welche bei der Ernte von Heilpflanzen zu beachten sind:

- Ort: Nur Pflanzen sammeln, wo sie reichlich wachsen.
- Pflanzenkenntnis: Nur Pflanzen sammeln, die man auch sicher kennt.
- Schutz: Keine Pflanzen ernten, die unter Naturschutz stehen.
- Haltbarkeit: Nur den Bedarf eines Jahres sammeln.
- Witterung: Pflanzen, die bei Regen, Nebel, Tau gesammelt werden,

---

[2] Jeremy Ross – Combining Western Herbs with Chinese Medicine – http://www.jeremyross.com/ – Buchtipp Klinische Materia Medica
[3] Dr. Florian Ploberger – Buchtipp: Das große Buch der Westlichen Kräuter aus Sicht der TCM

haben eine höhere Anfälligkeit auf Schimmel.
• Reinheit: Nur saubere Pflanzen ernten.
• Transport: Gesammelte Pflanzen sollen in Körben oder in Papiersäckchen transportiert werden – Finger weg von Plastiktüten.
• Den Standort beachten – Pflanzen von Straßenrändern können Giftstoffe wie Schwermetalle enthalten.

Einsatz von Heilpflanzen

In der TCM und bei Hildegard von Bingen werden die Heilpflanzen traditionell bei Befindlichkeitsstörungen in den Bereichen Verdauung oder Kreislaufbeschwerden eingesetzt. Häufig werden diese auch als Ergänzung zur westlichen Medizin verschrieben, um Behandlungen hinsichtlich Verträglichkeit zu verbessern sowie Nebenwirkungen abzuschwächen, etwa bei Chemotherapien, sowie Dosierungen konventioneller Medikamente zu reduzieren.

Vorsicht geboten

Trotz ihrer großartigen Heilkraft und Einsatzvielfalt sollten wir bei bestimmten Personengruppen im Einsatz von Heilpflanzen aufpassen. Besonders bei Schwangeren, Babys und Kleinkindern ist Vorsicht geboten. Außerdem ist auch eine medizinische Diagnostik und Abklärung wichtig – vor allem im Zusammenhang mit Wechselwirkungen mit anderen Therapien – und Medikamenteneinnahmen sowie bestehende Allergien müssen berücksichtigt werden. Vorsicht ist allemal bei einer Selbstmedikation geboten. Man sollte hier unbedingt in der Eigenverantwortung bleiben oder sich Rat etwa in spezialisierten Apotheken holen. Ferner empfiehlt es sich, beim Kauf der Heilpflanzen auf deren Herkunft zu achten. Bei der Auswahl der Anbieter von chinesischen und westlichen Kräutern ist Apotheken und Unternehmen, die zertifizierten biologischen Anbau betreiben, der Vorzug vor einem Asia-Shop, dem Lebensmittelhandel oder unbekannten Onlineherstellern zu geben.

Zubereitung von Pflanzen

Grundsätzlich können alle Teile von Heilpflanzen verwendet werden. Meist sind es die Blätter (Herba) und die Blüten (Flos). Aber auch Samen, Früchte, Wurzeln, Rinde und Harze finden Verwendung.
Es gibt unterschiedliche Zubereitungsarten, die nach der TCM, Hildegard von Bingen, TEM und moderner Phytotherapie angewendet werden können:
• **Tee (Aufguss; Cha):** Dies ist die häufigste Zubereitungsart. Beim Aufguss wird die Pflanze mit kochendem Wasser übergossen. Danach lässt man es zwischen 10 und 20 Minuten ziehen.
• **Dekokt (Tang):** Eine Abkochung wird hier kalt angesetzt und dann 10 bis 20 Minuten leicht geköchelt. Besonders bei Wurzeln, Rinden und Samen wird diese Zubereitungsart empfohlen.
• **Mazerat (Kaltwasserauszug; Jian):** Das ist ein Verfahren, um leichtflüchtige oder thermisch instabile Inhaltsstoffe aus der Pflanze zu lösen.
• **Ölauszug:** Besonders viele wertvolle Inhaltstoffe von Pflanzen sind fettlöslich. Daher dient Öl als ein gutes Lösungsmittel.
• **Tinkturauszug:** Für die Tinktur werden zerkleinerte frische Pflanzenanteile in 40 - 70 % Alkohol oder Branntwein in einem gut verschließbaren Gefäß 2 bis 10 Wochen in der Sonne destilliert und danach abgefiltert. Auf einen Teil Kraut kommen in der Regel 5 Teile Alkohol.
• **Medizinalwein:** Dies ist ein Wein, der mit frischen Kräutern abgekocht wird.

Dosierung und Dauer der Anwendung

Dosierung und Dauer der Anwendung sind natürlich von der jeweiligen Disharmonie und auch vom Alter des Menschen sowie von den eingesetzten Pflanzen (toxisch oder nicht toxisch) abhängig. Die Chinesen gelten als die größten Künstler, was die richtige Dosierung angeht.

Im Westen tut man sich diesbezüglich schon etwas schwerer, aber auch nur deswegen, weil im Vergleich die Erfahrungswerte der Chinesen über 3000 Jahre alt sind.
Dr. Florian Ploberger hat in seinem Buch „Das Große Buch der Westlichen Kräuter aus Sicht der TCM“ folgende Richtlinie empfohlen:
1. Zu Beginn mit einer geringen Dosis starten und mit wachsender Erfahrung die Dosis steigern.
2. Harte und schwere Substanzen werden höher dosiert. Leicht toxische und stark aromatische Kräuter werden niedrig dosiert. Bei einer Einzelanwendung eines Krautes darf dieses höher dosiert werden.
3. Alter und Schweregrad der Erkrankung spielen eine wesentliche Rolle.
4. Tipps für die Behandlung von Kindern:
- auf die Dosis aufpassen
- Verwendung von süßen Pflanzen wie Süßholz, Datteln, Honig in die Rezeptur beimengen und
- Kinder miteinbeziehen bei der Kräuterherstellung.

„Ein Jegliches hat seine Zeit und alles Vornehme unter dem Himmel hat seine Stunde ...“, sagten einmal König Salomon und die Seherin Prevorst.

Verfügt man über das Wissen im alltäglichen Leben, zu welchem genauen Zeitpunkt welche Zahlen und Heilkräuter einzusetzen sind, könnte man mit geringsten Heilmitteln die schwerste Krankheit heilen. Leider ist dieses Wissen und auch das Bewusstsein, dass jede Zeit, jeder Tag, jede Stunde eine eigene Qualität an Schwingung hat, gänzlich verlorengegangen.

Der richtige Zeitpunkt der Ernte

Um bei den Heilpflanzen die richtigen Kräfte wirken zu lassen, sollte der Zeitpunkt der Ernte gut gewählt sein. Die Empfehlung lautet, dass oberirdische Pflanzenteile bei zunehmendem Mond und Schönwetter und bei abnehmendem Mond die Wurzeln zu sammeln sind. Generell sollten Wurzeln im Frühjahr oder im Herbst ausgegraben werden, wenn die Kraft noch in der Wurzel beziehungsweise wieder zurückgekehrt ist. Das entspricht dem Leben mit seinem Jahresrhythmus. Bei oberirdischen Knospen, Blättern und Blüten gibt es einen sogenannten „Phänologischen Kalender“ sowie die Pflanzen „Der Frauen Dreißiger“. Es ist die Zeit, wo im Hochsommer von Maria Himmelfahrt bis zum 8. September die Heilpflanzen ihre größte Kraft und Wirkung entfalten.

Die planetarische Signatur

Die Signaturlehre nach Paracelsus geht davon aus, dass Heilpflanzen besondere Kennzeichen tragen, die Aufschluss gegeben, welche Krankheiten sie heilen können. Um die Signaturen zu begreifen, werden astrologische Eigenschaften verwendet, die im mitteralterlichen Weltbild die Welt einteilen und erklären. Es geht im Wesentlichen darum, dass alles miteinander verbunden ist. Der Makrokosmos korrespondiert mit dem Mikrokosmos. Das bedeutet, dass wir am jeweiligen Stand der Planeten und Sterne ablesen können, was auf der Erde aktuell wichtig ist. Am Himmel werden die gleichen Prinzipien der Welt gesehen, wie bei den Menschen, im Tier- und Pflanzenreich. Die Pflanzen tragen somit eine Signatur, die darauf hinweist, wofür sie dem Menschen dienen können. Aus moderner wissenschaftlicher Sicht ist die Signaturlehre aus der Luft gegriffen, doch hat sich durch viele praktische Erkenntnisse herausgestellt, dass vieles zutrifft, wie spätere Beispiele im Buch noch zeigen werden.

Jede Pflanze wächst im Stehen,
der Mensch muss dafür gehen.

Autor:in unbekannt

Die Heilqualitäten können in der Pflanze noch verstärkt werden, wenn die planetarische Signatur berücksichtigt wird.

Montag	MOND-tag
Dienstag	MARS-tag
Mittwoch	MERCURIUS-tag
Donnerstag	JUPITER-tag
Freitag	VENUS-tag
Samstag	SATURN-tag
Sonntag	SONNEN-tag

Isst man etwa Getreide nach der planetarischen Zuordnung, unterstützt man den psychischen Aspekt (Seele) im Körper. Ein Beispiel: Reis = Mondtag = dem Mond zugeordnet, aufgrund dessen auch der weiblichen Brust, dem Magen und der Gebärmutter. Hinsichtlich der seelischen Zuordnung gehen wir mit dem Reis leichter ins Urvertrauen. Er steht für Kreativität und für alle zyklischen Abläufe.

„Die meisten Menschen besitzen,
wie Pflanzen, verborgende Eigenschaften,
die der Zufall entdeckt.“

Duc de La Rochefoucauld,
Französischer Literat des 17. Jahrhunderts

Die grüne Apotheke

Pflanzen bereichern unser Leben und unsere Sinne. Vom Frühjahr bis zum Herbst hat jeder Mensch das Bedürfnis, hinauszugehen und sich in der Natur zu entspannen. Die Menschen früherer Zeiten waren alle Heilpflanzenkundige, denn sie waren von der grünen Apotheke Mutter Erde abhängig. Seit den ältesten Tagen der Menschheit wurden Pflanzen nicht nur als Nahrung verwendet. Ihr Einsatz galt auch Krankheiten zu behandeln, Schmerzen zu lindern und Wunden zu heilen. Jahrtausende war die Wald- und Wiesenapotheke die einzige, über die Kranke und Leidende verfügten. Es gab sogar „Heilige Pflanzen", denen man übernatürliche Kräfte zusprach. Liebeszauber, ewige Jugend oder auch das Vergessen bringen – der Einsatz der Heilpflanzen war sehr vielseitig. Im bäuerlichen Brauchtumskalender gab es auch sogenannte Zauberpflanzen. Diese, wie das Johannisbüschl, schützen etwa vor Blitzschlag oder vor dem verschrienen bösen Blick und wurden zum Schutz vor bösen Geistern eingesetzt. Diese Pflanzen wurden auch kleinen Kindern um den Hals oder neben das Bett von Wöchnerinnen gelegt. Auch rauschähnliche Zustände wurden schnell mit Hilfe von Giftpflanzen hervorgerufen. Berühmt dafür waren Hexensalben des Mittelalters, die aus den hochgiftigen Nachtschattengewächsen gemacht wurden. Dadurch wurden Halluzinationen – ähnlich den heutigen Rauschdrogen – hervorgerufen.

In religiösen Brauchtümern und auch Märchen findet man heute noch versteckte Zugänge zu den Heilkräutern, wie beispielsweise der Kräuterweihe, Palmwedel, Barbarazweige, etc. Zwar vollführte die moderne westliche Medizin einen großen Siegeszug – Impfstoffe brachten Infektionskrankheiten zum Verschwinden, Antibiotika und Sulfonamide sagten den Bakterien den Kampf an –, aber der Konsum der Medikamente steigt stetig in der werbeträchtigen Pharmaindustrie an. Das Resultat unserer heutigen Zeit: Allergien und Resistenzen etwa gegen Antibiotika sind exorbitant im Vormarsch. Wir meinen, dass der Weg in die Heilung zurück zum Ursprung führt. Der Mensch soll wieder mehr auf die eigene Intuition vertrauen und sich auf den eigenen Glauben an Mutter Natur besinnen und stärken!

Wenn Wasser über die Steine läuft,
dann wird es rein!
unbekannt

In Balance mit Edelsteinen – Lithotherapie (Steinheilkunde)

„Du hältst einen Stein in Deinen Händen.
Du spürst diesen Stein in Deinen Händen.
Er fühlt sich an manchen Stellen glatt an,
an anderen Stellen ist er uneben,
vielleicht hat er sogar Löcher.
Der Stein in Deinen Händen liegt ruhig.
Er ist viele tausende Jahre alt. Er erzählt:
„Ich habe an vielen Orten dieser Welt gelegen,
Wind und Wetter haben mich geformt,
ich war am Meer und in den Flüssen,
ich war in vielen Ländern dieser Erde.
Kinder haben mit mir gespielt,
sie haben mich ins Wasser geworfen.
Vögel, Insekten, Frösche haben auf mir gesessen.
Ich habe Millionen von Menschen gesehen,
die Fische unter Wasser, die Flugzeuge am Himmel.
Menschen haben mich achtlos mit Füßen getreten.
Autos sind über mich weggerollt.
Ich bin steinalt.
Hast du jemals nachgedacht,
wie viel ich erlebt habe?“

Das Gedächtnisprinzip

Jedes Wesen hat ein Bewusstsein und ein Gedächtnis (das Bauchhirn). Das Wort Gedächtnis bedeutet in dem Zusammenhang die Fähigkeit, Informationen zu speichern. Diese Speicherung ist bei jedem Wesen anders. Wir Menschen nutzen unser Gehirn dazu, wobei auch unsere Zellen ein Gedächtnis haben. Denn auch dort werden Emotionen und Erinnerungen abgespeichert. Aber genau das birgt oft Probleme, denn wir verfügen über wenig Möglichkeiten, die Zellerinnerungen abzurufen. Und genau dort befindet sich oft der Entstehungsort unserer Krankheiten. Bewusstsein und Gedächtnis sind nötig, um eine ausgewogene Lebenssituation zu schaffen. Doch kommt es immer darauf an, welches Gewicht und welche Bedeutung dem Gedächtnis oder unserem Seelenbewusstsein zukommt.

In der Lithotherapie wird davon ausgegangen, dass die Mineralien (Steine) die Gedächtnisfunktion der Erde übernehmen. Denn auch die Erde benötigt ein Gedächtnis, welches Veränderungen, Schmerzen und Glück speichern kann. Es gibt also Mineralien, die nur die Erfahrung ihrer Umgebung speichern, und andere, die eine größere globalere Erinnerung besitzen. Mineralien, die das Umgebungsgedächtnis besitzen, nehmen auch verstärkt negative Aspekte auf, speichern sie und können bei entsprechender Behandlung auf den Menschen wieder abgegeben werden. Steine mit großem Gedächtnis haben die gesamte Erdgeschichte abgespeichert. Das Arbeiten mit diesen Mineralien ist insofern einfacher, da sie „glücklicher" sind und positivere Gedächtnismomente im Menschen ansprechen. Auch Mineralien geben und nehmen. Sie transformieren, allerdings nicht so intensiv, wie es Edelsteine oder Halbedelsteine tun.
Lithotherapeuten unterteilen die Steine in Mineralien, Edelsteine und Halbedelsteine. Äußerlich sehen Mineralien anders aus als Edel- oder Halbedelsteine, da sie einem anderen Entstehungsprozess unterlagen und somit andere Funktionen haben. Nach Hildegard von Bingen haben Edelsteine eine schützende und heilende Wirkung. Anwendungen

finden sie vor allem in seelischen und geistigen Bereichen – die Grundlage der Entstehung von Krankheiten.
Die Kraft der Edelsteine ist nicht zu unterschätzen. Sämtliche Körperzellen werden durch ihre Auflage erreicht. Das Resultat sind Regeneration, Schutz und Stärkung des Immunsystems. Mit einer Edelsteintherapie kann die Gesundheit, Lebensqualität und Vitalität gestärkt werden. Hildegard von Bingen sagte einst, dass durch die Edelsteinenergie die Seele in ihrer kosmischen und göttlichen Kraft gestärkt wird.
Können Steine nun tatsächlich auf uns Menschen wirken? Die Wissenschaft sagt klar „Nein". Lithotherapeuten, Steinkundige und Kabbalisten hingegen sind überzeugt von der universellen göttlichen Kraft der Mineralien. Atome, die die Bausteine eines jeden Kristalls sind, sollen durch ihre Bewegung Energie erzeugen, die die Edelsteine an ihre Umgebung, etwa an die Trägerin einer Steinkette, abgeben. In vielen Kulturen waren Edel- beziehungsweise Heilsteine Grabbeigaben, wie beispielsweise bei den Römern der Bernstein, der teurer als Gold war. Männer befestigten sich Kristalle an den Rüstungen und Gürteln. Frauen hängten sie an Schnüre oder Ketten um den Hals, damit ihre Haut sie immer berührte.
Edelsteine haben von Anbeginn unserer Kulturgeschichte die Menschen fasziniert. Die Schönheit dieser leuchtenden Kristalle wurde mit dem ewigen Friedensreich Gottes gleichgesetzt. Unseren Vorfahren dienten Edelsteine zu Lebzeiten als Schmuck, Glücksbringer und Schutzschilder gegen dämonische Mächte. Ebenso als Grabbeigaben – als Symbole der Unvergänglichkeit, göttlichen Kraft und magischen Wirkung – fanden sie ihren Einsatz.
Edelsteinmedizin ist kein Hokuspokus. Um die Jahrhundertwende behandelten bereits Ärzte die Menschen mit Steinpulver. Und auch unsere moderne westliche Medizin, wie die Ernährungslehre, empfiehlt eine ganze Reihe von Medikamenten, die rein auf mineralischer Basis zusammengestellt werden und jede Menge Spurenelemente enthält, die wir übrigens auch als Mineralwasser zu uns nehmen, um den Gesundheitszustand zu verbessern.

Die Heilkraft der Edelsteine

Die Heilkraft der Edelsteine bezieht sich auf die Strahlennatur der enthaltenen Kristalle. Die im Edelstein enthaltenen Atome schwingen auf dem Kristallgitter in einem ganz bestimmten Rhythmus und erzeugen dabei eine eigene Strahlung – vergleichbar mit der Größenordnung unserer Nervenströme. Die Wirkung erfolgt über die Benetzung der Schleimhaut und über die Auflage der Edelsteine auf die Haut. Die Haut steht in Verbindung mit den Organen durch die Meridiane und dem vegetativen Nervensystem. Durch das Auflegen auf die Haut (Meridiane) werden heilende Strahlen auf das entsprechende Organ übertragen. Die Übertragung der Heilkraft erfolgt in blitzschneller Geschwindigkeit. Angesprochen werden hier die Nervenleitungen, der Stoffwechsel, das endokrinische System (Hormonsystem) und das Immunsystem. Auch hier empfiehlt sich eine regelmäßige Anwendung, um Erfolge zu erzielen.
Klar ist, dass die Heilkraft der Edelsteine alleine nicht ausreicht, um zu gesunden. Die Lithotherapie ist begleitend anzusehen und ist nur dann wirklich erfolgreich, wenn der Mensch auf ALLEN Ebenen (Körper, Geist und Seele) mithilft, sich aus der Dysbalance zu bringen, um die eigenen Selbstheilungskräfte wieder zu stärken.

Einsatz

Einsatzgebiet sind vor allem die fünf Sinnesorgane, denn diese sind den Umwelteinflüssen in ständiger Berührung ausgesetzt. Weiters können die Edelsteine auch bei seelischen Disharmonien erfolgreich eingesetzt werden. Die Anwendung von Edelsteinen während Meditationen und Gebeten haben eine besonders starke Kraft und werden regelrecht zu einem Abwehrmittel vor negativen Einflüssen des Lebens. Sie haben eine ausgeprägte Wirkung auf das seelische Kraft- und Heilungszentrum. Edelsteine stellen also eine Kraftquelle dar. Sie gelten als Träger und Speicher kosmischer Urkraft und Urinformation. Sie sind auch

Transformator und Transmitter von Bioenergie. Unter Bioenergie wird die unsichtbare, feinstoffliche Kraft verstanden, aus der die geistige Natur der Schöpfung besteht. Ohne die gibt es für uns kein Leben in der sichtbaren, grobstofflichen Welt.
Es gibt ein Wechselspiel der Kräfte zwischen dem Menschen und der Welt der Kristalle und Edelsteine. Diese können die Selbstheilungskräfte aktivieren und unterstützen. Es wird den Edelsteinen auch eine energetisierende Wirkung nachgesagt, wenngleich es dazu keinen wissenschaftlichen Beweis gibt. Trotzdem haben Forscher verschiedenster Studienrichtungen sich mit Steinen und Mineralien befasst. Prof. Alfred Pischinger (1899 - 1983) lehrte Histologie an der medizinischen Universität Wien. Er ging davon aus, dass die biologischen Systeme des Körpers inständig Informationen in Form von Schwingungsübertragung austauschen. Weiters gab er in seiner Arbeit an, dass der Mensch größtenteils aus Wasser besteht (übrigens in jungen Jahren mehr als im Alter) und dass die positive Schwingung von Steinen auf die Wassermoleküle des Körpers übertragbar sind.

Steinanalysen

Wie bereits erwähnt, sind Steine voller Energie, die im Prozess des Austausches mit dem Menschen ihre Wirkung haben. Interessant ist, dass jeder Mensch anders auf jeden Stein reagiert. In der Lithotherapie werden sogenannte Steinanalysen gemacht. Hier geht es darum, herauszufinden, welcher Stein für den Menschen passend ist, wobei anzumerken ist, dass die Entscheidung für den richtigen Stein letztlich der Mensch trifft, indem er optisch und energetisch sich von einem bestimmten Stein angezogen fühlt. So erhalten wir mit Hilfe dieser Steinanalyse eine gute Aussage, in welchem Zustand sich der Körper und die Organe befinden. Anhand dessen kann man sich ein gutes Bild über die Aktivität und Passivität des Körpers machen. Mineralien sind Träger und Speicher kosmischer Urkraft und dienen uns als Katalysatoren und Transmitter, die sie in gleichbleibenden, rhythmischen Impulsen an ihre Umgebung abgeben.

Die Lithotherapie ist wie die Homöopathie eine Reaktionstherapie. Sie geht in Resonanz mit einem gestörten Bereich. Hierbei ist es wichtig, nicht mit zu vielen Steinen auf einmal zu arbeiten. Zu viele Edelsteine wirken nämlich schädlich auf den physischen und psychischen Körper beziehungsweise bringen die Schwingungen durcheinander. „Die Menge macht das Gift", sagte einst schon Paracelus. Hierbei ist bei der eigenverantwortlichen Steinauswahl auch auf diverse Störfaktoren zu achten beziehungsweise wäre ein ausgebildeter Lithotherapeut zu Rate zu ziehen. Es gibt in der heutigen Zeit leider auch synthetische Steine, denen es an jeglichre kosmischer Kraft und Information fehlt. Dabei handelt es sich um künstlich veränderte Steine. Diese sind mit „toten" Steinen gleichzusetzen, da sie verquarzt sind. Außerdem fehlt ihnen die entsprechende Farbsättigung.

Heilstein ist nicht gleich Heilstein

Um eine gute Heilwirkung und Unterstützung zu erzielen, bedarf es einer fachgerechten und genauen Analyse. Jeder Edelstein muss innerhalb seiner eigenen Mineralspezies vor der Anwendung auf die Bedürfnisse des zu behandelnden Menschen professionell abgestimmt werden. Edelsteine als Schmuck zu tragen ist grundsätzlich gut, vorausgesetzt, das in den nachfolgenden Kapiteln zur Verfügung gestellte Wissen über deren Wirkung und Einsatzgebiet wird angewendet. Die Steine sollten unbedingt schonend behandelt beziehungsweise bearbeitet werden. Ein Anbohren oder Durchbohren des Steins wird nicht empfohlen, da es viel mehr die in die Struktur und Funktion eingreift. In der Lithotherapie empfiehlt sich eher das Schleifen eines Steins. Edelsteine sollten möglichst in Edelmetallfassungen gebettet werden. Steine und Metall mit gleichem oder ähnlichem Bewusstsein arbeiten besser zusammen. Hingegen können Legierungen oder falsche Kombinationen auf die Dauer die Funktion eines Steins aus dem Gleichgewicht bringen beziehungsweise aus der „Fassung" bringen.

Wer mit seinen Pflanzen spricht, dem wird es nicht schwerfallen, auch mit den Steinen zu sprechen. Haben wir einen neuen Stein, dann sollen wir ihn willkommen heißen, ihn genau ansehen und uns mit seiner optischen Erscheinung anfreunden. Es ist ratsam, den neuen Stein außerdem in Salzwasser zu reinigen und an der frischen Luft zu trocknen, bevor wir ihn anwenden.

Edelsteine, deren Biofrequenz wir benötigen, können wir über der Kleidung tragen. Denn die Lebensenergie, die wir auch kosmische Energie, Prana oder undurchsichtiges Licht nennen, durchdringt auch feste Körper. Allerdings müssen Edelsteine, deren materiellen, irdischen oder grobstofflichen Inhalt wir bedürfen, direkt auf der Haut getragen werden. Denn nur über die Diffusion (Durchdringung) der Haut können Mineralien in den Lymph- und Blutkreislauf kommen, ohne einen etwa schon erkrankten Darm erfolglos zu bemühen, diese in den Körper zu bringen.

Einige Edelsteine, deren Elemente wir brauchen, werden nicht auf der Haut getragen, sondern in ein kaltgepresstes Olivenöl gelegt und dort bis zum gänzlichen Verbrauch belassen. Neigt sich das Öl zu Ende, wird es nachgefüllt. Es dauert ungefähr 48 Stunden, bis die vom Körper benötigten Wirkstoffe vom Öl aus dem Stein gelöst werden. Diese gelangen dann entweder als Einreibung über die Haut in den Organismus oder, wenn der Darm einigermaßen resorptionsfähig ist, über das Salatdressing dorthin. Bei der Behandlung von Hautpilzerkrankungen wird statt des Öls ein naturbelassener Essig oder der Saft einer Zitrone mit dem entsprechenden Edelstein verwendet. Bei allergischen Reaktionen kann auch auf einen vergorenen „sauren Wein“ zurückgegriffen werden.

Teil 2

Optimale Stärkung und Genesung mit dem Jahreszyklus

In den nachfolgenden Kapiteln wird gezeigt, wie wir optimal nach dem Jahreszyklus leben sollten. Jedes nun folgende Kapitel enthält wertvolle Informationen, wie die Organe bestmöglich über Gesundheitszahlen, Heilpflanzen, Edelsteinen und Akupressur unterstützt werden können, um dauerhafte Vitalität, Kraft und Gesundheit bis ins hohe Alter zu erfahren.

„Wenn der Schnee die Welt in Ruhe hüllt,
spricht die Zeit der Stille in uns.“
Unbekannt

Winter – In Balance mit dem Wasser-Element

Aspekte der TCM zum Wasser-Element

Der Winter steht für ein tiefes Yin. In der Zurückgezogenheit und Ruhe liegt nun die Kraft und Balance. Diese Energie kann nicht erschaffen oder zerstört werden. Dem Winter ist das Element Wasser zugeordnet. Dieses Element steht für die Essenz des Lebens. Es beinhaltet das Yin-Organ Niere und das Yang-Organ Blase. Die Niere ist die Wurzel des Lebens und speichert diese Essenz. Es bildet die Grundlage aller Yin- und Yang-Energien.
Die Chinesen sagen, dass die Niere das Tor der Vitalität ist. Es steht für Geburt, Wachstum, Fortpflanzung aber auch für die Triebkraft aller Lebensvorgänge. Ihr kommt also ein hoher Stellenwert zu, wenn es um ein langes Leben in Gesundheit und Vitalität geht. Die Niere produziert ein sogenanntes Mark und füllt damit Gehirn und die Knochen. Daher hat die Niere zu beiden eine besondere Beziehung.
Die Chinesen behaupten, dass die Niere auch das Wasser „regiert“. Damit ist gemeint, dass sie gemeinsam mit der Blase für die Ausscheidung von Flüssigkeiten zuständig ist. Die Niere ist außerdem bekannt dafür, dass sie die Essenz speichert, wobei wir hier von einer sogenannten Vor-Himmels-Essenz und einer Nach-Himmels-Essenz sprechen. Bei der Vor-Himmels-Essenz handelt es sich um das Erbgut unserer Eltern,

welches wir bei der Zeugung mitbekommen. Diese Essenz nährt den Fötus vor der Geburt und steht für Entwicklung, Fortpflanzung, Wachstum und Geburt. Herrscht ein Mangel der Vor-Himmels-Essenz vor, kommt es zu einer Minderentwicklung beim Kind, zum Beispiel in Form eines verzögerten Wachstums. Im Erwachsenenalter äußert sich dieser Mangel in vorzeitigem Altern, Impotenz und Unfruchtbarkeit. Eine schwache Vor-Himmels-Essenz kann allerdings durch eine dauerhafte Stärkung der Nach-Himmels-Essenz mittels gesunder Ernährung nach der TCM und Hildegard von Bingen, Bewegung und Rückzug in Form von geistiger Entspannung unterstützt beziehungsweise ausgeglichen werden. Daher ist es sehr wichtig, dass wir uns gut um die Nach-Himmels-Essenz kümmern, bevor beschlossen wird, ein Kind zu zeugen. Der Zustand der Essenz bestimmt zudem den Zustand der Niere. Ist die Essenz voll in ihrer Blüte, zeugt die Niere von großer Vitalität, Fruchtbarkeit und sexueller Kraft. Außerdem sind Gehirn, Gedächtnis und das Denken geschärft. Demzufolge ist die Niere also die Herkunft von Fertigkeit und Intelligenz. Möchten wir intelligenter werden, müssen wir nur unser Element Wasser stärken. Wird das Gehirn nicht regelmäßig mit der Essenz versorgt, leidet das Erinnerungsvermögen und die Konzentration. Außerdem fällt es schwerer, sich auf bestimmte Dinge zu fokussieren.

Die Chinesen sagen weiters, dass sich die Niere in den Ohren öffnet. Betrachtet man die Form der Niere genau, erkennt man, dass diese tatsächlich den Ohren ähneln. Die Ohren sind die Öffnung nach draußen in die Außenwelt. Der Klang wie auch das Stöhnen und Ächzen wird dem Element Wasser zugeordnet. Die Schwingungen und Frequenzen von Klängen, wahrgenommen über die Ohren, haben eine direkte Auswirkung auf den Körper, der ja zu einem Dreiviertel aus Wasser besteht. Harmonische Klänge in Form von Frequenzmusik (vgl. Quellenverzeicnis) verfügen über eine heilende Wirkung auf Körper, Geist und Seele. Leidet man öfter unter Ohrenschmerzen, ist das ein Indiz, dass die Essenz geschwächt ist. Auch hier können wir mit der richtigen Ernährung die Essenz wieder kräftig zum Fließen bekommen. Die Niere manifestiert sich auch im Haar. Das Haarwachstum kann ebenfalls durch eine gute Ernährung nach der TCM und Hildegard von Bingen unterstützt werden. Bei einer starken Nieren-Essenz ist das Haar voll, gesund, dicht und glänzend. Bei einer schwachen Nieren-Essenz wirkt das Haar dünn, brüchig, stumpf und man neigt vermehrt zum Haarausfall. Auf der geistigen Ebene hat die Niere einen Bezug zur eigenen Willenskraft. Haben wir das Gefühl, dass wir uns nicht mehr so gut durchsetzen können, ist das häufig ein Zeichen, dass die Nierenessenz nicht ausreichend stark genug ist. Das bereits erwähnte Mark, welches die Niere produziert, nährt die Knochen. Bei einer Schwäche kommt es häufiger zu Knochenbrüchen, Zahnproblemen, wie lockeren Zähnen, einer gestörten Knochenentwicklung, Knochendeformation und Knochenfehlstellungen. Die Niere ist außerdem das Tor der Vitalität, wobei die linke Niere die eigentliche Niere ist und die rechte Niere dieses Tor repräsentiert. Dieses hat eine enge Beziehung zum Ursprungs-Qi und stellt die Wurzel des Feuers der inneren Organe dar. Ein gesundes und starkes Nieren-Qi beugt Müdigkeit, negativem Denken und einem Mangel an Vitalität vor.

Mit einem starken Nieren-Qi sind wir außerdem in der Lage, zielstrebig, hart und lange zu arbeiten, ohne schnell zu ermüden. Alle erfolgreichen Menschen haben ein gutes und starkes Nieren-Qi. Die Kunst, den Erfolg dauerhaft zu halten, liegt darin, das Nieren-Qi dauerhaft zu stärken. Das gelingt mit den richtigen Gesundheitszahlen, ausgewählten Heilpflanzen und einer Ernährung nach der TCM und Hildegard von Bingen. Es bedarf also im Winter eines ganz besonderen Lebensstils, der zu mehr Gesundheit und Vitalität führt.

Mit ihren 27 Meridianen kann die Niere zusätzlich gut unterstützt werden, indem der Anfangs- und Endmeridian geklopft wird. Der Anfangsmeridian Ni 1 befindet sich auf der Fußsohle.

Dieser Punkt kann in der Soforthilfe auch als Schockpunkt massiert werden, wenn man unter einem Unfallschock, Ohnmacht, Anfallsleiden-Epilepsie, Fieberkrämpfen oder akuten Kreuzschmerzen (Lumbago) leidet. Zusätzlich dazu ist der Hauptschockpunkt Lenkergefäß LG 26 zwischen Nase (1/3 abwärts) und Oberlippe (2/3 aufwärts) zu massieren.

Dieser Punkt verbessert nicht nur die Gehirnleistung, sondern auch die Leberfunktion.
Der Endmeridian Ni 27 befindet sich zwischen 2.- und 3. Rippen 2 - 3 Zentimeter neben dem Brustbein unter dem Schlüsselbein.

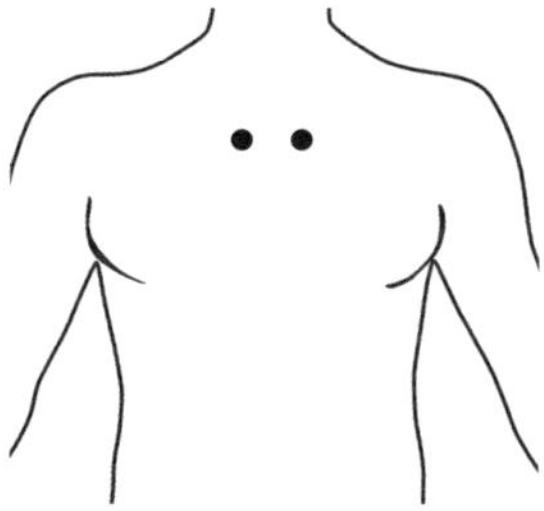

Die Blase, das Yang-Organ, ist das Pendant zur Niere. Die Chinesen nennen sie liebevoll „die Bezirksbeamtin“, die die Flüssigkeiten im Körper speichert. Die Blase leidet, wenn wir mit negativen Emotionen, wie Eifersucht, Misstrauen und Neid, zu kämpfen haben.
Weitere Anzeichen für eine Disharmonie der Blase sind
- Augenentzündungen,
- tränende Augen bei Wind,
- Nasenverstopfung,
- Schnupfen,
- Nasenbluten,
- Kopfschmerzen,
- Schmerzen im Nacken,
- Rückenschmerzen und
- Gesäßschmerzen.

Mit ihren 67 Meridianen kann die Blase gut gestärkt werden, indem man den Anfangs- und Endmeridian regelmäßig klopft. Der Anfangsmeridian Bl 1 beginnt im inneren Augenwinkel.

Der Endmeridian Bl 67 befindet sich lateral (Außenkante) zur kleinen Zehe.

Organuhr

Die Blase ist zwischen 15 Uhr und 17 Uhr am aktivsten. In jedem ihrer Leitbahnen (Meridiane) hält die Blase die Energie für diese zwei Stunden am Tag. Die Leitbahnen – in Summe 4 Stränge – verlaufen alle den Rücken entlang. Das Liegen auf einer Akupressurmatte hilft, die Blase in ihrem Tun zu unterstützen. Die Niere hat ihre Hauptarbeitszeit zwischen 17 Uhr und 19 Uhr. Es ist ratsam, in dieser Zeit die Flüssigkeiten zu reduzieren und sich auf das Abschließen von Aufgaben zu konzentrieren. Der frühe Abend gehört dann den Nieren. Unterstützen können wir sie durch Entspannungsübungen, Meditation und einer nährenden Mahlzeit.

Emotionen als Wegweiser

Tiefe Emotionen wie Angst, Stress, Unruhe, Phobien und Paranoia sind Zeichen, dass das Element Wasser aus dem Gleichgewicht geraten ist. Besonders die Angst, die sich in den Knochen manifestiert, ist ein guter Hinweis, dass das Element Wasser in Disharmonie geraten ist. Die häufigsten Auslöser für Angst sind: Ablehnung, Versagen, Einsamkeit, Verlust etc. Die Ursache liegt allerdings mehr in der eigenen Persönlichkeit beziehungsweise in der Denkweise. Folgende Hilfestellungen können unterstützen, besser mit der Angst klarzukommen:

Der erste Schritt liegt in der Erkenntnis, dass die Angst nur ein Anteil in uns ist. Wir sind NICHT die Angst! Sie ist nur ein Anteil, den wir irgendwann einmal aus einer Situation heraus erschaffen haben beziehungsweise erschaffen haben lassen. Wir müssen erkennen, dass die Angst ein schlechter Ratgeber ist, besonders wenn sie unser einziger Ratgeber ist. Sie begrenzt unser Bewusstsein, da wir die Dinge zu „eng" sehen. Es fällt uns schwer, gewisse Eindrücke und Erfahrungen zu verarbeiten und richtig zuzuordnen. Angst ist in jeder Form das stärkste Hindernis in unserer Entwicklung. Sie hindert uns daran, das zu werden, was wir sein können. Das bedeutet, dass wir durch sie am Sinn unseres Lebens vorbei leben.
Der zweite Schritt befindet sich außerhalb unserer Komfortzone. Er beinhaltet eine genaue Evaluierung unserer Angst. Handelt es sich um eine rationale oder irrationale Angst? Rational ist gut. Sie hält uns am Leben. Gefährlich ist die irrationale Angst. Sie hat häufig mit einem Trauma aus unserer Vergangenheit zu tun, was wir bis dato noch nicht aufgelöst haben. Hier lautet unsere Empfehlung: Suche therapeutische Unterstützung, um die Ursache der Angst zu identifizieren, und löse sie auf. Denn die irrationale Angst bekommt mit der Zeit immer mehr Macht über uns, wenn wir uns ihr nicht stellen. Sie ist in Wahrheit eine Aufforderung, dass wir wieder mehr zu uns selbst zurückfinden. Im Auflösungsprozess werden wir erkennen, dass in unserer Angst, wenn wir sie besiegen, unsere größte persönliche Entfaltung liegen kann. In der Kabbala sprechen wir hier vom persönlichen Lösungsweg.

Die geistig-seelische Botschaft der Niere

Die Nieren sind für die Balance zwischen den männlichen (Yang) und weiblichen (Yin) Kräften zuständig. Differenzen ausgleichen, Loslassen von negativen Gefühlen, Harmonie herstellen und in die eigene Mitte finden – all das sind die geistigen Botschaften der Niere. Im Körper haben sie die Aufgaben, flüssige Stoffe zu filtern, zu entgiften und für die Ausscheidung zu sorgen. Nierenprobleme treten häufig im Bereich der zwischenmenschlichen Auseinandersetzungen, vor allem in partner-

schaftlichen Beziehungskonflikten, auf. Folgende Reflexionsfragen sind hilfreich, wenn Nierenprobleme auftreten:
- Welche Partnerschaftsprobleme habe ich nicht gelöst?
- Welche Partnerschaftsprobleme überwältigen mich?
- Mein:e Partner:in ist mein Spiegel. Welcher Trigger wird mir gezeigt? Wo habe ich noch einen Schatten? Wo darf ich in die Heilung kommen?
- Wo bin ich im roten Bereich und halte bewusst oder unbewusst an Problemen fest?

Die geistig-seelische Botschaft der Blase

Auf der körperlichen Ebene sammelt die Blase die von der Niere gefilterten Stoffe und ist für die finale Ausscheidung zuständig. Auf der geistig-seelischen Ebene dient die Blase als Speicherraum für Emotionen. Durch den Drang zum Wasserlassen entsteht ein entsprechender Druck, der uns zwingt, körperlich und geistig etwas loszulassen. Bei Blasenproblemen, wie beispielsweise einer Blasenentzündung, handelt es sich um Probleme mit dem Loslassen. Der Druck ist da, aber das Loslassen fällt schwer.

Besonders Kinder, die Bettnässen, stehen untertags so unter einem Druck, dass sie nicht loslassen können. Erst in der Nacht, wenn sie sich entspannen und dem Druck nicht mehr bewusst sind, können sie loslassen. Eltern, deren Kinder zu Bettnässen neigen, sollten sich daher fragen, warum das Kind so unter Druck steht. Die Aufgabe liegt darin, den äußeren Druck zu mildern und sanft zu lösen. Folgende Reflexionsfragen sind hilfreich, wenn Blasenprobleme auftreten:
- Warum stehe ich unter Druck?
- Worüber weine ich innerlich beziehungsweise worüber weint meine Blase?
- Welcher Ballast bereitet mir Sorgen, was schleppe ich mit mir herum?

Aspekte der Kabbala zum Element Wasser

Niere und Blase sind in der Kabbala mit den Kelchwelten (Zahlen von 37 bis 50) verbunden. Die Grundbedeutung sind die Gefühle, das Verlangen und der Glaube mit dem Schlüssel zum Tor der Seele. Die praktische Umsetzung im Wasser-Element heißt ES FLIESSEN zu lassen – oder wie man in Kärnten zu sagen pflegt: „los lei laafen". Die eigene Einstellung ist hier maßgeblich. Die Gefühle sollen ausgedrückt werden. Stellvertretend steht der Kelch symbolisch für „Halt geben".

Der visualisierte Kelch wirkt wie eine Begrenzung, der aber das Wasser wieder zum Fließen bringt. Das Wasser ist die Quelle allen Lebens! Alles fließt und das Harte unterliegt. Es gibt diesbezüglich Zahlenwerte aus dem Hebräischen, die sich als schwingende Buchstaben manifestieren:

MEM
WASSER
DIE VIERZIG

Körper, Geist und Seele sind auch im Schöpfungsbericht eine Einheit. Es steht: *„Der Geist Gottes schwebt über den Wassern."* Das Wasser symbolisiert die Zeit. Das MEM ist das Wesen dieser Erde. Wir sprechen hier vom göttlichen Licht beziehungsweise dem FLÜSSIGEN Licht Gottes. Alles, was mit Zeit und Erde zu tun hat, wird hier dem Element Wasser zugeordnet – auch wie lange der Mensch idealerweise lebt.
Der menschliche Körper besteht, wie bereits erwähnt, zu Dreiviertel aus Wasser. Doch da, wo sich das Wasser staut, wo es keinen Durchfluss gibt, entsteht ein innerer Tümpel. Und dieser macht uns krank. Alles soll im Fluss bleiben. Stillstand wird mit Krankheit gleichgesetzt. Wichtige spirituelle Fragen zur inneren Balance, die wir uns stellen können:

- Warum lebe ich genau in dieser Zeit?
- Warum habe ich diese Ahnenverbindung?
- Was gibt es zu lösen?
- Was gibt es weiterzuentwickeln?

All unsere Ahnenverbindungen, die Themen mit unseren Eltern, Großeltern, Urgroßeltern etc., ja unser gesamtes Wachstum aus den verschiedenen Epochen gehören zu MEM oder der Zahl 40. Um die obenstehenden Fragen leichter beantworten zu können, empfiehlt es sich, die Zahl 40 sich immer wieder zu vergegenwärtigen, sie aufzuschreiben und bei sich zu tragen. Ein biblischer Vergleich zeigt: Auch die Arche NOAH stand im Wasser der Zeit. Das Wasser verschwand, und Land wurde sichtbar. MEM oder die Zahl 40 bringen somit in diesem Bereich Klarheit.

Auch bei Ungeduld empfiehlt es sich, mit der Zahl 40 zu arbeiten. Die Zahl auf der Haut mittels Seidenpflaster aufgeklebt oder einfach auf ein Blatt Papier geschrieben, hilft gemeinsam mit dem Wort „MEM", sich besser zu erden und leichter in die Geduld zu kommen. Alles hat seine Zeit! Besonders, wenn wir das Gefühl haben, unter starkem Zeitdruck zu stehen, hilft uns die Zahl, Terminvereinbarungen besser zu planen und einzuhalten. Diese Gesundheitszahl verbindet uns außerdem mehr mit dem Hier und Jetzt. Daher kann diese Zahl auch bei Demenz gut eingesetzt werden, da Menschen aufgrund dieser Erkrankung in der Vergangenheit leben. Die Zahl 40 steht auch für das Urvertrauen. Sie kann bei ängstlichen Menschen sowie auch bei Suchterkrankten eingesetzt werden, die den Weg zurück ins Urvertrauen suchen, um sich wieder ganzheitlich verbunden zu fühlen.

Holistische und geschichtliche Verbindungen

Damit wir uns mehr mit dem Element Wasser wieder verbinden können, ist es wichtig, den ganzheitlichen und auch geschichtlichen Aspekt sich wieder in Erinnerung zu rufen. Das Wasser hat die natürliche Tendenz, von der Höhe hinabzufließen, um sich in der Tiefe zu sammeln. Mit Hilfe von Wärme (Element Feuer, Sonne) steigt es wieder auf und

wird zur Wolke, ehe es aus der Himmelshöhe wieder hinabregnet. Wasser bewegt sich also ständig, um ins Tal zu kommen bis zum Sammelbecken der Seen und der Meere. Wasser steht also nie still. Es bewegt sich in Kreisläufen auf und nieder, in Ebbe und Flut, in Wärme, aber auch in Kälte (Regen, Schnee etc.).
Das Wasser fließt durch sämtliche Schöpfungsmythen. Für die alten Ägypter gab es vor der Erschaffung der Welt das finstere Urmeer. Das leuchtende Ei erhob sich aus einer Inselspitze, aus dem das ganze Universum (Sonnengott RA) erleuchtete. In der griechischen Mythologie steht das Wasser-Element für die Lebenskraft, welches sich in den Knochen und den Nieren bündelt. Aber ebenso steht es für den Tod. Der Fluss Styx stand zwischen der diesseitigen und der jenseitigen Welt. In nordischen Sagen wohnte die Wassergöttin in einem Palast, der über die Gewässer der Erde rauschte. Auch im Koran gilt das Wasser als ein Ursymbol, wie auch im Hinduismus, wo ein Bad im Fluss Ganges Körper und Seele reinigt.

Gesundheitszahlen im Element Wasser

Im Element Wasser können wir die Schwingung für die Nieren mit der Zahl 337 nutzen. Die Knochen können wir mit der Essenzzahl 111 unterstützen. Besonders ein Ungleichgewicht, ausgelöst durch traumatische Erlebnisse, sorgt dafür, dass unsere Uressenz leidet – sofern wir in der negativen Spirale gefangen sind und es nicht schaffen, aus diesem Loop auszusteigen. Um die Struktur unserer Zähne zu unterstützen, wird die Gesundheitszahl 339 verwendet. Diese schwingt ebenfalls im Element Wasser. Unsere Zähne sind überdies mit Meridianen mit unseren Organen verbunden. Beim Einsetzen von Implantaten wird diese Verbindung gekappt, da nach der TCM das Metall Titan ein Fremdkörper für den Organismus darstellt. Empfehlenswert wären Implantate aus Keramik, da diese aus kinesiologischer Sicht die Leitfähigkeit der Meridiane weiterhin unterstützen.

Heilende Wirkung von Wasser

Körperliche Ebene

Ohne das Element Wasser gibt es kein Leben auf der Erde. Wasser ist die Ursubstanz unserer Welt. Leonardo Da Vinci bezeichnete das Wasser als das Blut des Planeten. Selbst unser Körper besteht, wie bereits erwähnt, aus 70 - 80 % überwiegend aus Wasser. Wasser können wir vielseitig einsetzen, um wieder ins Gleichgewicht zu kommen. Besonders die Nutzung von Heilquellen ist in diesem Zusammenhang bedeutsam. Hippokrates (460 - 370 v. Chr.) empfahl bereits, bei Fieber und Verrenkungen kalte Wasserumschläge anzuwenden. Ebenso die thermischen Eigenschaften, wie kalte oder warme Reize, führen zu mehr Wohlbefinden. Auch die Antriebskraft durch den hydrostatischen Druck entlastet den Körper bei Verspannungen und Abnützungen wie beispielsweise Arthrose. Besonders Salzwasser wirkt auf den ganzen Organismus heilsam. Es unterstützt die Entsäuerung (Entgiftung) und stärkt den Säure-Basen-Haushalt. Auch die Aura wird durch ein Salzwasserbad wieder gereinigt.
Wasser hat verschiedene chemische Eigenschaften. Durch die natürlichen Wege von Gesteins- und Erdschichten ist es mit Mineralien, wie Kalzium, Magnesium und vielen Spurenelementen, versetzt. In der Lithotherapie wird Wasser mit bestimmten Edelsteinen angereichert. Solche Trinkkuren können unterstützend wirken, um wieder in Balance zu kommen.

Geistige und seelische Ebene

Wasser ist und bleibt unser Jungbrunnen. Egal, ob es das Meeresrauschen ist oder das Glucksen eines Baches. Wasser beruhigt und streichelt die Seele. Allein am Wasser zu sitzen, hat einen entspannenden Effekt auf den Geist. Es klärt und gibt Kraft für neue Projekte.

Heilpflanzenempfehlungen zur Stärkung des Wasser-Elements

Das Baikal-Helmkraut findet gerne Anwendung in der Traditionellen Chinesischen Medizin. Es ist eine thermisch kühlende Heilpflanze für das Knochengewebe und unterstützt den Knorpelschutz, indem sie bei der Mineralisierung hilft. Dieses Kraut wirkt außerdem entzündungshemmend, antiviral und krebshemmend. Die Zubereitung und Anwendung ist in unterschiedlicher Dosierung möglich. Hier empfiehlt es sich, eine persönliche Befundung durch einen Phytotherapeuten vornehmen zu lassen.

Der mongolische Tragant gilt auch als Qi-Tonikum und hilft bei einer Knochenstoffwechselstörung. Die Zubereitung und Anwendung ist in unterschiedlicher Dosierung möglich. Hier empfiehlt es sich, eine persönliche Befundung durch einen Phytotherapeuten vornehmen zu lassen.

Der Wassernabel ist vielseitig einsetzbar. Besonders geschätzt wird die heilende Wirkung auf die Knochenmatrix bei Osteoporose. Gemeinsam mit dem Edelstein Apatit, der eine starke Beziehung zum Kalziumhaushalt der Knochen hat, können damit auch die Zähne und Gelenke gestärkt werden. Die Zubereitung und Anwendung ist in unterschiedlicher Dosierung möglich. Hier empfiehlt es sich, eine persönliche Befundung durch einen Phytotherapeuten vornehmen zu lassen.

Die Birke ist ein Pionierbaum, die besonders im kalten Norden sehr verbreitet ist. Sie wird bis zu 30 Meter hoch und in Ausnahmefällen bis zu 100 Jahre alt. Das Birkenholz brennt leise und ruhiger als andere Hölzer, daher wirkt es auf uns zurückhaltender und überlegener. Die Birke unterliegt mit ihren Eigenschaften dem Wasser-Element. Mental hilft sie, Fantasien zuzulassen und Pläne und Ideen zu verwirklichen. Zubereitung und Anwendung: Die Blätter der Birke – Birkenlaub – wird als Tee genossen und hilft, Aufgestautes auszuleiten. Der Tee wird begleitend zur Behandlung von Nieren- und Harnblasenproblemen getrunken. Auch hier bedarf es einer spezifischen Mengenempfehlung durch einen Phytotherapeuten. Der fröhliche Kirschbaum – speziell die Wildkirsche – wirkt mit ihren Kernen bei Nackenverspannungen der Halswirbelsäule besonders wohltuend. Zubereitung und Anwendung: Kirschkerne in ein Kissen füllen und im Ofen aufwärmen. Das Kirschkernkissen ist ein grandioser Wärmespeicher, welches besonders im Winter behaglich ist.

Das Johanniskraut beugt mit seiner stimmungsaufhellenden Art Winterblues vor und kann besonders gut bei Depression eingesetzt werden. Diese Heilpflanze ist seit 2000 Jahren bekannt und hat ein großes Einsatzgebiet. Das Johanniskraut hilft auch, den Stress zu lindern. Seinen Namen hat das Kraut von einer christlichen Legende bekommen. Die frühen Christen glaubten, das rote Öl der Pflanze sei das Blut von Johannes des Täufers gewesen. Der Ölauszug hat einen besonderen Einfluss auf den Serotoninspiegel und wirkt somit stimmungsaufhellend und stärkt gleichzeitig das seelische Wohlbefinden. Aber Vorsicht: Das Johanniskraut darf nicht in Kombination mit Medikamenten der Antidepressiva eingenommen werden. Auch während der Schwangerschaft und der Stillzeit ist von dem Heilkraut abzuraten. Es gibt schlichtweg zu wenig Erfahrungsberichte dazu. Johanniskraut steigert außerdem die Lichtempfindlichkeit, daher ist bei Verwendung des Heilkrautes vom Sonnenbaden abzuraten, da das Risiko, einen Sonnenbrand zu bekommen, deutlich erhöht ist. Die Zubereitung und Anwendung ist in unterschiedlicher Dosierung möglich. Hier empfiehlt es sich, eine persönliche ärztliche Befundung vornehmen zu lassen.

Die Rosenwurz ist eine heimische Heilpflanze, allerdings streng geschützt. Zusammen mit der Taigawurzel wirken diese Pflanzen stressreduzierend und stabilisierend auf die Psyche ein. Physische und psychische Erschöpfungszustände werden vermindert. Auch bei Müdigkeit und Konzentrationsproblemen kann die Taigawurzel erfolgreich eingesetzt werden. Die Zubereitung und Anwendung ist in unterschiedlicher Dosierung möglich. Hier empfiehlt es sich, eine persönliche Befundung durch eine Phytotherapeutin oder einen Phytotherapeuten vornehmen zu lassen.

Wenn der Wasserfluss im Körper stockt, es drückt, zwickt und schmerzhaft wird, sind dies alles Anzeichen, dass die Niere und die Blase beleidigt sind. Die Goldrute kann hier Abhilfe verschaffen. Sie wächst auf trockenen Hügeln in hellen Wäldern sowie auch auf Weiden. Auf den ersten Blick ist sie eher ein unscheinbares Kraut aus der Familie der Asteraceae-Korbblütler, aber das täuscht. Die Goldrute, auch Güldenwundkraut genannt, ist das Mittel erster Wahl, wenn es um Nierenprobleme geht. Die Erntezeit ist von Juli bis September. Alle Arten (auch die kanadische Goldrute) sind harntreibend, krampflösend, entzündungshemmend und schmerzlindernd. Die enthaltenen Saponine besitzen eine pilzwidrige Wirkung und unterstützen im Speziellen auch bei Candida. Durch die Einnahme dieses Heilkrauts erfährt die Niere eine Leistungssteigerung. Sie kann Flüssigkeiten besser aus dem Körper ausschwemmen und wirkt auch steintreibend bei Nierensteinen. Außerdem wirkt die Goldrute antibakteriell und immunmodulierend sowie antimykotisch, also gegen Pilzbefall. Auch bei Entzündungen der Mundhöhle (Zahngeschwüre), der Haut (eiternde Wunden) und bei Ödemen tut dieses Heilkraut seine Dienste. Das Goldrutenkraut wird am besten als Tee (Infus) genossen. So werden gleichzeitig die Harnwege gespült und Nierengrieß ausgeschwemmt. Auch bei rheumatischen Erkrankungen sowie Gicht (Fleischverzicht!) ist sie empfehlenswert. Der Geschmack der Goldrute ist leicht herb und bitter und aus thermischer Sicht wirkt sie auskühlend. Ihre Besonderheit liegt aus Sicht der TCM darin, dass sie Feuchtigkeit ausleitet und so die Ansiedlung von Bakterien im Körper hemmt. Die Goldrute enthält auch zwei besondere Pflanzenfarbstoffe, Quercetin und Rutin, welche im Körper ein Enzym hemmen, das für die Ausbreitung von Entzündungen verantwortlich ist. Um die Blase zu pflegen oder auch bei der Begleitung von Kathetersetzungen hilft die Goldrute besonders gut. Vorsicht ist bei Ödemen infolge von eingeschränkter Herz- und Nierentätigkeit geboten. Hier sollte auf die Goldrute verzichtet werden.

Zubereitung und Anwendung:

Gesammelt werden die Blütentrauben und das Kraut. Wie bereits erwähnt, wird diese Heilpflanze am besten als Tee und Tinktur genossen. Die maximale Tagesdosis beträgt 6 bis 12g vom Kraut. Für die Teezubereitung ist Folgendes zu beachten: 1 TL (3g Kraut) mit 150ml heißem Wasser überbrühen und 20 Minuten ziehen lassen. Danach abgießen,

um die Pflanzenfarbstoffe bestmöglich zu lösen. Empfohlen wird 1 Tasse 2 - 4-mal täglich, zwischen den Mahlzeiten zu trinken.
Mit der Preiselbeere können wir die Blase gut unterstützen. Sie war einst ein Wildobst und ist verwandt mit der Heidelbeere. Durch ihren hohen Gehalt an Vitamin C und A, Natrium, Phosphor, Kalium, Oxalsäure, Pektin und Taninen, ist sie ein wunderbarer Radikalfänger und schützt vor Viren. Die Preiselbeere wirkt stark harntreibend und hilft bei akuter Blasenentzündung und Harnwegsinfekten und deren Vorbeugung. Weiters wirkt sie wahre Wunder bei Bettnässen, Gicht und Rheuma. Die gängigste Zubereitungsart ist die Marmelade. Sie regt den Appetit an und unterstützt bei Durchfall. Außerdem strafft und festigt sie die Darmschleimhäute. Die Blätter der Preiselbeere enthalten Gerb- wie auch Bitterstoffe und haben eine desinfizierende Wirkung, welche eben bei Entzündungen (der Blase) heilend wirken. Bedingt durch den hohen Anteil an Oxalsäure sollten Menschen mit Nierensteinen allerdings den gerbstoffreichen Blättertee trinken und auf die Frucht (Beeren) verzichten.
Zubereitung und Anwendung:
Für den Tee-Aufguss: 1 EL Blätter mit 1 Tasse Wasser überbrühen und 1 - 2 Tassen schluckweise über den Tag verteilt trinken. Für den Tee-Kaltansatz: 1 EL getrocknete Blätter der Preiselbeere 12 Stunden kalt ansetzen und danach bis zum Sieden erhitzen. Dann 15 Minuten ziehen lassen und bis zu 3mal täglich trinken.
Ein hergestellter Saft aus Preiselbeeren: 1 EL Preiselbeerenmarmelade wird in einem ½ Liter warmen Wasser genossen. Dies ist nicht nur ein sinnvolles Erfrischungsgetränk bei fieberhaften Infektionskrankheiten, es hat auch eine beruhigende Wirkung auf das Vegetativum und fördert gleichzeitig die Harnausscheidung. Durch den hohen Vitamin-C und -A-Gehalt ist die Preiselbeere im Herbst bereits vorbeugend für den Winter einzunehmen, da es die Abwehr steigert. Im naturverbundenen Kärnten liebt man auch den köstlichen „Grantenschleck". Ein Preiselbeerkompott oder Marmelade mit aufgeschlagenem Obers als süße Mehlspeisenfüllung oder Dessertvariation ... Guten Appetit!
Die Engelwurz (auch Brust -und Angstwurz genannt) ist bereits seit dem Mittelalter als Heilpflanze bekannt und wurde gegen die Pest ein-

gesetzt. Sie wächst an feuchten und halbschattigen Standorten. Die heilenden Inhaltsstoffe werden in erster Linie aus den Wurzeln gewonnen. Hauptsächlich wird die Engelswurz bei Appetitlosigkeit, Magen- und Darmbeschwerden, Völlegefühl und Blähungen eingesetzt. Sie stabilisiert die Darmflora und wirkt antimikrobiell (antibiotisch) gegen schädliche Bakterien im Verdauungstrakt. Der Name Brustwurz findet sich beim Einsatz von Brusterkrankungen wieder, da die Engelwurz eine auswurffördernde Heilkraft besitzt. Sie ist bekannt dafür, zähen Schleim zu lösen, und wird bei Husten, Bronchitis und Lungenentzündung eingesetzt. Außerdem stärkt sie das Gewebe und die Schleimhäute. Die Engelwurz ist auch bekannt dafür, ein nervenstärkendes Heilkraut in Zeiten von Schwäche und Nervosität zu sein. Sie reinigt Körper und Geist von Giften, die die Psyche belasten. Außerdem kann sie unterstützend bei der Behandlung von Allergien eingesetzt werden. Ferner werden Magen und Bauchspeicheldrüse angeregt und die Fett- und Eiweißverdauung unterstützt. Früher galt die Engelwurz als Allheilmittel gegen jegliche Ansteckung. Sie war der Hauptbestandteil des Theriaks (Kräuterlikör). Auch der berühmte Melissengeist der Karmeliter und der Schwedenbitter enthalten dieses vielseitige Heilkraut.
Signaturmäßig haben Nichols Culpepper, Arzt des 16. Jahrhunderts, und Paracelsus die Engelwurz der Sonne und dem Jupiter zugeordnet. Deshalb sollte sie in der Stunde der Sonne oder des Jupiters gegraben (geerntet) werden. Die Engelwurz hat die Kraft der Sonne – die Herzkraft und Vitalität. Bei der Ernte ist auf jeden Fall auf eine gute Pflanzenkenntnis zu achten, denn es gibt ein paar giftige Verwandte der Engelwurz.
Zubereitung und Anwendung:
Mittels Ölauszug hilft die Engelwurz innerlich angewendet bei Schlaflosigkeit. Äußerlich unterstützt eine Engelwurz-Salbe bei Rheuma und Neuralgien (Nervenschmerzen). Die Salbe wirkt auch schleimlösend bei Schnupfen und Erkrankungen der Nasennebenhöhlen. Zum Graben der Wurzel wird ein Kupferwerkzeug empfohlen oder ein Hirschgeweih. Die Wurzel riecht ähnlich wie Sellerie und frische Ananas. Der beste Zeitpunkt für die Ernte ist der Herbst. Die Wurzel gehört gereinigt, in Stücke geschnitten und getrocknet. Für eine Weiterverarbei-

tung zu einem Engelwurzbalsam eignet sich Wollfett, Johanniskrautöl, Majoran- und Thymianöl mit Bienenwachs eingedickt.

ENGELWURZ ... ich beschütze dich!

Diese Heilpflanze wurde ursprünglich Schutzengel genannt sowie Meisterin des Annehmens. Die Engelwurz soll das Urvertrauen (Energiezentrum: Wurzelchakra) stärken sowie helfen, Grübelei und Alltagssorgen (Energiezentrum: Solarplexus) besser loszulassen. Sie fördert die Heilung alter Wunden und trägt zur Versöhnung bei.

Den Ackerschachtelhalm (Zinnkraut) gab es schon, als die Dinosaurier noch lebten. Allerdings war die Größe des Urschachtelhalms von bis zu 30 Meter den damaligen Bedingungen der Erde angepasst. Diese Heilpflanze trotzte den widrigsten Bedingungen von Hitzeperioden, Eiszeiten, Vulkanausbrüchen und der giftigen austretenden Gase sowie der Sonnenverdunkelungen und Meteoriteneinschläge. Der Ackerschachtelhalm setzt auf Ausdauer, Konzentration und auf das Wesentliche. Im Volksmund wird er auch Pferdeschwanz oder Katzenwedel genannt. Die Heilpflanze wird ca. 30 Zentimeter hoch und wächst gerne auf lehmigen Böden, Wiesenrändern und Böschungen. Die perfekte Erntezeit erstreckt sich vom Frühjahr bis zum Spätsommer. Wichtig dabei ist zu berücksichtigen, dass nur die grünen frischen Triebe gesammelt werden und keine Triebe mit Sporen. Das Kraut ist reich an Kieselsäure, Gerbstoffen, Kaliumsalzen, Magnesium, Natrium und Saponinen. Es hat eine zusammenziehende Wirkung, wirkt wasser- und hartreibend, gewebefestigend und schleimlösend.

Der Ackerschachtelhalm ist dem Planeten Saturn – dem am weitesten entfernten in unserem Sonnensystem – zugeordnet. Er vermittelt die archetypischen Kräfte des Himmels. Dabei hilft ihm die Strahlkraft des Siliziums. Der entfernteste Planet reicht somit bis in unseren tiefsten Mikrokosmos hinein – bis in unsere Knochen. Deshalb sind Saturnpflanzen, wie Ackerschachtelhalm, Beinwell und Vogelknöterich, unsere besten Kieselsäurepflanzen, die, wenn sie abgekocht werden, ideale Knochenheiler sind. Aus spiritueller Sicht hilft dieses Mineral, eine Balance zwischen dem eigenen Geist und der Seele herzustellen. In der

Antike wurde das Heilkraut auch als Blutstiller und Milzmittel eingesetzt. Auch hier zeigt ein Vergleich, dass die Milz in der astralen Medizin dem Planeten Saturn zugeordnet ist.
Bei Schleimbeutelentzündungen dient das Kraut als kalte Packung und verschafft Linderung. Nach Hildegard von Bingen ist der Ackerschachtelhalm ein wunderbares Kraut, dass das Blut, Niere, Blase und Magen reinigt. Auch bei chronischer Leberentzündung, schlechtem Bindegewebe, brüchigen Finger- und Zehennägel wirkt das Kraut wahre Wunder. Ödembildungen nach Verletzungen, Stärkung von Knochen und Knorpel, Übersäuerung, Sodbrennen, Osteoporose und Krampfadern – das Heilkraut ist vielseitig einsetzbar. Die Funktion des Inhaltsstoffes Silizium bringt in die Zellen eine Lichtenergie, welche durch die Photonenforschung messbar gemacht wurde. Der Biophysiker Fritz-Albert Popp erklärte, dass gesunde Zellen viel Silicea in sich tragen – im Gegensatz zu Krebszellen, die ebenso wenig Lichtenergie haben. Ferner wird dem Ackerschachtelhalm auch nachgesagt, dass er Aluminium aus dem Körper ausleitet.
Zubereitung und Anwendung:
Als Tee genossen wird 1 TL Kraut auf ½ Liter Wasser ca. 30 Minuten geköchelt. Als Kaltwasserauszug wird das Kraut ½ Tag lang angesetzt. In beiden Varianten löst sich die Kieselsäure erfolgreich heraus.
Für einen guten Blasentee braucht es eine Kräutermischung aus der Echten Goldrute, Blatt der Birke und Blatt der Birne. Diese werden zu gleichen Teilen vermischt. 2 TL Kraut werden mit 1 Tasse kochendem Wasser überbrüht und 15 - 20 Minuten ziehen gelassen. Die Empfehlung lautet 4 - 5 Mal täglich eine Tasse davon trinken.

Eines der 10 Gebote der Gesundheit nach Paracelsus lautet:

Angst und Unruhe belasten Niere und Blase.
Drum trage deine Last ruhig.
Sie ist NIE größer, als DU ertragen kannst,
und vertraue auf Gott!

Lithotherapeutische Empfehlungen zur Stärkung des Wasser-Elements

Der Naturbernstein zählt zu den stärksten und vielseitigsten „Heilsteinen“. Es handelt sich hier im Eigentlichen um ein fossiles Harz mit Bernsteinsäure. Der Naturbernstein wird seit Jahrhunderten als Räucherwerk eingesetzt. Bernstein wurde bereits von den Römern als Amulett gegen Verwundbarkeit um den Hals getragen. Er wurde damals höher als der Preis von Gold gehandelt.

Bernstein ist der Sammelname für bestimmte fossile Harze tertiärer Nadelbäume (Bernsteinkiefer). In den Jahrhunderten vor und nach der Zeitwende war die Bearbeitung des Bernsteins schon hoch entwickelt. Die Germanen benannten ihn Glaesum, was dem heutigen Wort „Glas“ entspricht. Kaiser Nero ließ einen Kriegszug nach den Ostseefundstätten unternehmen, um Bernstein zu finden. An Skeletten der Wikinger fand man Armbänder aus Bernstein, welche sie vor Gefahren schützen sollen.

In der Volksheilkunde wurde Bernstein als Arznei eingesetzt. Von Martin Luther war beispielsweise bekannt, dass er gegen Nierensteine stets ein Stück Bernstein bei sich trug. Hildegard von Bingen riet zu Bernstein bei Magen- und Darmschmerzen, wobei hier nach Farbe, Strahlung, Größe und Alter der Steine differenziert werden muss. Erfahrene Hebammen nutzten die Kraft des fossilen Harzes, um Kindern beim Zahnen die Schmerzen zu nehmen. Auch heute finden sich in Drogeriemärkten sogenannte Bernsteinketten für Kleinkinder, die allerdings nicht therapietauglich sind. Hier empfiehlt es sich ganz besonders, sich von einer steinfachkundigen Person beraten zu lassen. Aus der Lithotherapie ist der Bernstein nicht wegzudenken. Kein anderes Stück deckt so viele Krankheitsbilder ab wie dieses fossile Harz. Farblich abgestimmten Bernsteinen wird nachgesagt, dass sie auf die Nervengeflechte und die peripheren Nerven eine beruhigende Wirkung haben. Außerdem sollen sie die Aktivierung der Selbstheilungskräfte unterstützen.

Die Farbausbildung, Farbintensität und der Grad der Durchsichtigkeit, helfen mit, die Verdauungsorgane – besonders die Leber, Gallenblase, Bauchspeicheldrüse im endokrinen und exokrinen Bereich (Insulin und Verdauungssäfte) ins Gleichgewicht zu bringen. Bei erkrankten Nieren kann eine vom Therapeuten fein abgestimmte (am besten kinesiologisch ausgetestet) Mischung aus unterschiedlichen Farbausbildungen eines Bernsteins mit bestimmten grünen Edelsteinen, wie Malachite und Nephrite (Jade) – Nephrite stammt aus dem griechischen Nephros, was Niere beziehungsweise Nierenstein bedeutet – und Chrysocolla verwendet werden. Diese Mischung verfügt über ein wichtiges entzündungshemmendes Spurenelement, nämlich Kupfer. Nierensteine und damit verbundene Koliken gehören unbedingt medizinisch behandelt. Jedoch kann man diese Erkrankung komplementär mit Heilpflanzen und eben auch Edel- beziehungsweise Heilsteinen begleiten. Nieren können gezielt durch den Nephrite gestärkt werden. Gemeinsam mit dem Chrysocolla lassen sich weiters entzündliche Krankheitsformen der Blase und Harnleiter therapieren. Bei Blasenentzündungen und Ohrenentzündungen hilft Bernstein im Wasser-Element unterstützend, da er mit der Energie des Meridians konformgeht. Ferner ist Bernstein mit einer honiggelben Farbintensität auch bei Ängsten gut einsetzbar.

Bei der Wahl des Bernsteins ist auf sein Aussehen, Qualität und Quantität zu achten. Ein daumengroßes Stück ist in den meisten Fällen zu wenig. Zu empfehlen ist hingegen immer eine Halskette aus Bernstein, da diese die Halsschlagader (Carotis) berührt und damit eine Versorgung des gesamten Gehirns gewährleistet ist. Denn über die weiterführende Kopfschlagader gelangen die Impulse dieser Biofrequenz aus Edelsteinen direkt zu den Schaltzentralen des Organs. Diese aus der praktischen Arbeit am hilfesuchenden Menschen gewonnene Erfahrung gilt nicht nur für den Bernstein, sondern für alle Mineralien, außer für den Hämatit.

Wulfenit mit der lithotherapeutischen Vorgabe von 26% auch als Molybdän-Bleierz bekannt, ist selenhaltig, wie die Pflanze Kren und deren Blätter, und unterstützt die Ausscheidung und Entgiftungsarbeit des Körpers. Es begünstigt außerdem den Ferrumeinbau in die Zähne (Gesundheitszahl 339) und beugt Mangelerscheinungen vor. Zahnkaries, erhöhte Harnsäurespiegel und Nierensteine können so gut behandelt werden. Ein Mangel an Molybdän kann wiederum häufig zu Impotenz führen, wobei hier auch immer ein seelischer Aspekt zu berücksichtigen ist. Wulfenit darf aufgrund seines erhöhten Bleigehaltes nicht innerlich eingenommen werden!

„Wenn sich die Natur erneuert,
erneuert sich auch der Geist.“

Frühling – In Balance mit dem Holz-Element

Aspekte der TCM zum Holz-Element

Der Frühling steht für ein kleines beziehungsweise aufsteigendes Yang. Alles erwacht aus dem Winterschlaf und beginnt zu erblühen und steht immer mehr „im Saft“. Es drängt uns Menschen regelrecht nach draußen. Auf körperlicher Ebene wollen wir uns bewegen und die Kraft der Muskulatur entfalten. Dem Frühling ist das Element Holz zugeordnet. Dieses Element steht für Lebenslust, Tatkraft, Motivation, Vielseitigkeit und Fülle. Die Chefin unseres Körpers ist das Holz. Der Körper-Baum selbst ernährt sich über das „Saften“, besonders wenn er vom vorausgehenden Element Wasser (Winter) gut versorgt wurde. Nach Hildegard von Bingen haben wir Menschen in uns gesunde und kranke Säfte. Die sogenannten Fehlsäfte können durch die richtige Entsäuerung (Entgiftung) und höchste Form des Fastens gut ausgeleitet werden.
Zum Element Holz gehören das Yin-Organ Leber und Yang-Organ Gallenblase. Die Leber wehrt äußere pathogene Faktoren, wie Krankheitserreger und Gifte ab, und ist für die Speicherung des Blutes verantwortlich. Sie reguliert das Blutvolumen bei körperlicher Aktivität und während der Menstruation. Wenn der Körper ruht, fließt das Blut zurück in die Leber, was für die Regeneration und Wiederherstellung der Energie sehr wichtig ist. Daher ist die Leber für den geschmeidigen Qi-Fluss zuständig. Das ist aus der Sicht der TCM wohl ihre wichtigste Funktion. Um die Leber in dieser wichtigen Funktion zu unterstützen,

sind drei Aspekte zu berücksichtigen:
- Auf unseren emotionalen Zustand achten
- Auf unsere Verdauung schauen
- Die Gallenblasensekretion unterstützen

Ist der Qi-Fluss normal, ist das Leben voller Glücksgefühle. Ist der Qi-Fluss gestört, macht sich das durch folgende Symptome bemerkbar:
- Frustration
- Unterdrückter Zorn
- Schmerzen im Brustkorb
- Beklemmungsgefühl
- Engegefühl im Hals
- Prämenstruelles Syndrom: Reizbarkeit, Spannungen in der Brust.

Ist die Leberfunktion also eingeschränkt, kommt es zu emotionalen Spannungen und zur Frustration. Überhaupt lässt unterdrückter Zorn die harmonische Qi-Zirkulation zusammenbrechen. Kommt es in weiterer Folge zu einer Qi-Stagnation, leidet auch die Gallenfunktion. Zeichen für eine Disharmonie sind Aufstoßen, bitterer Mundgeschmack und Gelbsucht. Die Chinesen nennen die Leber auch den „Armeegeneral", der für die Planung der Körperfunktionen zuständig ist und der für Antrieb, Dynamik und Flexibilität im System sorgt. Die Leber hat auch einen engen Bezug zu den Sehnen und Bändern. Deren Beweglichkeit wird vom Leberblut „befeuchtet", welches wiederum von der Ernährung stark abhängig ist. Disharmonien zeigen sich beispielsweise durch
- Bewegungseinschränkungen und Steifheit,
- Taubheitsgefühl der Extremitäten,
- Muskelkrämpfe,
- Tremor (unwillkürliches Zittern) und
- neurologische Störungen.

Die höchste Form der Entsäuerung (Entgiftung) ist das Fasten. Es hilft im Frühjahr, die Muskeln, Bänder und Sehnen wieder schmerzfrei zu bewegen und uneingeschränkt zu nutzen. Die Leber zeigt sich auch in den Nägeln, die ein Nebenprodukt der Sehnen sind. Brüchige Nägel weisen darauf hin, dass es einen (Leber)-Blutmangel gibt. Gerade bei Frauen ist das keine Seltenheit. Die Chinesen meinen weiters, dass sich die Leber in den Augen öffnet. Sie nährt und befeuchtet sie, was für die Sehkraft wichtig ist. Weitere Anzeichen für (Leber)-Blutmangel sind Kurzsichtigkeit, Farbblindheit, trockene Augen mit Sandgefühl und verschwommenes Sehen.

Auf geistiger Ebene steht eine starke Leber für Mut und Durchsetzungskraft, Entschlossenheit und große Kreativität. In ihr wohnt die Wanderseele HUN, die für die Lebensplanung und Sinnfindung zuständig ist. Ist man fest verwurzelt, lässt sich ein harmonisches Leben in Weisheit und Voraussicht leichter gestalten. Laut den Chinesen verachtet die Leber jede Form von Wind, Zugluft, Klimaanlagen etc. – Wind trocknet aus. Wie bereits erwähnt, speichert die Leber das Blut. Wenn also Leber-Blut austrocknet, dann herrscht ein sogenannter innerer Wind vor. Anzeichen für Leber-Disharmonien sind:

- Schmerzen im unteren Rückenbereich,
- Schmerzen im Unterbauch,
- Kopfschmerzen,
- Schluckauf,
- keine Urinausscheidung und
- geistige Verwirrung.

Mit ihren 14 Meridianen kann die Leber gut gestärkt werden, indem wir den Anfangs- und Endmeridian regelmäßig klopfen. Der Anfangsmeridian Le 1 beginnt lateral (innen seitlich) der großen Zehe.

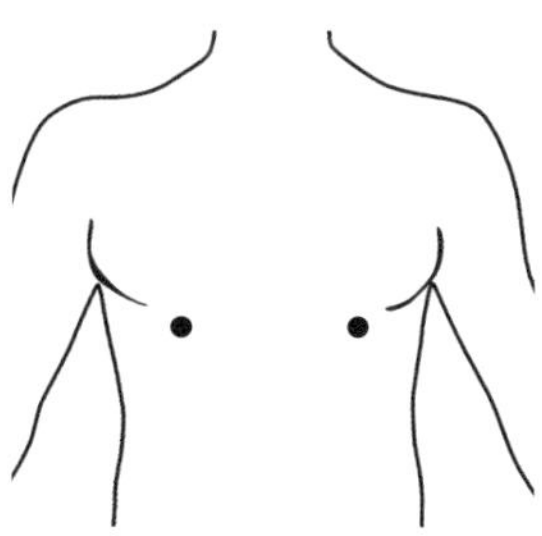

Der Lebermeridian Le 14 endet im sechsten Rippenzwischenraum.

Die Gallenblase ist das Yang-Organ vom Element Holz. Sie speichert die gelb-grüne Gallenflüssigkeit, die sie von der Leber erhält, und scheidet diese bei Bedarf während der Verdauung aus. Ein harmonischer Gallenfluss unterstützt also den Magen und die chinesische Milz (Bauchspeicheldrüse) bei der Verdauung. Bei einer Leber-Qi-Stagnation ist genau dieser Bereich beeinträchtigt. Der Gallenblase kommt noch eine weitere wichtige Funktion zugute. Sie leitet das Qi an die Sehnen weiter und sorgt so für die richtige Beweglichkeit und Flexibilität. Außerdem bestimmt sie die Qualität und die Länge des Schlafens. Auf der geistigen Ebene steht die Gallenblase für Mut und Initiative. Sie liefert dem Geist SHEN, der im Herzen wohnt, den Mut zur Durchführung von Entscheidungen. Ist die Gallenblase klein beziehungsweise hat man mit einer Gallenblasen-Leere zu tun, zeigt sich das in:
- Unentschlossenheit,
- Ängstlichkeit und
- schnelle Entmutigung.

Weitere Symptome bei einer Disharmonie der Gallenblase können sein:
- Kopfschmerzen,
- Schmerzen im äußeren Augenwinkel,
- Benommenheit,
- bitterer Geschmack im Mund,
- Schmerzen in der Schlüsselbeingrube,
- Schmerzen lateral der Brust und Rippen und
- Schmerzen in den Hüften, Oberschenkeln und unteren Extremitäten.

Die Gallenblase kann mit ihren 44 Meridianen besonders gestärkt werden, indem der Anfangs- und Endmeridian geklopft werden.

Der Anfangsmeridian Gb 1 beginnt im äußeren Augenwinkel.

Der Endmeridian Gb 44 befindet sich an der Außenseite der 4. Zehe.

Da die Leber und Gallenblase einen Bezug zu den Augen haben, können wir uns in der Soforthilfe bei Augenentzündung mit einer Akupressur des Lebermeridians Le 3 und Gallenblasenmeridian G 20 unterstützen. Der Lebermeridian Le3 befindet sich oberhalb der Großzehfalte in den Grübchen zwischen 1. und 2. Mittelfußknochen.

Der Gallenblasenmeridian G 20 befindet sich im Grübchen zwischen beiden Muskelansätzen unter dem Hinterhauptknochen des Kopfes.

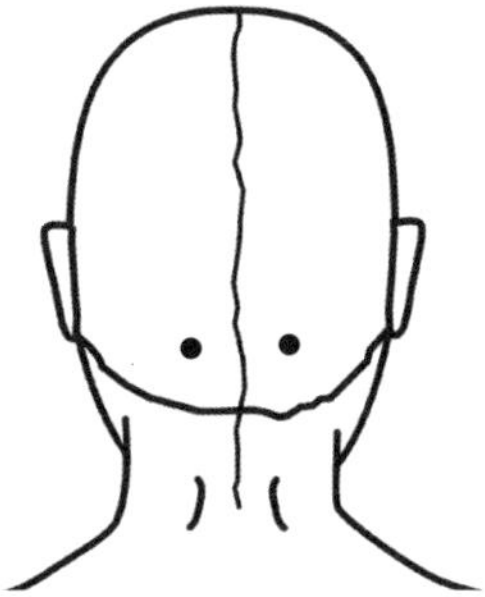

Beide Punkte können auch bei allergischem Juckreiz gepresst werden, wo man sofort Erleichterung erfährt. Der Gallenblasenmeridian G 20 kann auch bei Koliken massiert werden, wenn wir beispielsweise zu fette Speisen konsumiert haben. Das plagt unsere Verdauung zunehmends und die Gallenblase neigt dann gerne dazu, Schmerzen in den Oberbauch auszustrahlen.

Hinterkopfschmerzen treten meist morgens auf, wenn wir in einer eher verkrampften Stellung geschlafen haben. Noch im Bett kann hier der Meridian G 20 pressiert werden. Danach sollten wir leichte gymnastische Bewegungen machen oder uns auf eine Qi-Maschine[4] legen, damit alles gut in den Fluss kommt. Viele Menschen leiden oft nachts unter Gefäß- und Muskelkrämpfen. Dies kann an einem Magnesiummangel liegen. Wir können uns dahingehend unterstützen, dass wir nicht nur auf einen ausbalancierten Mineralstoffhaushalt achten, sondern auch den Lebermeridian Le 3 auf beiden Seiten kräftig pressen. Dieser Punkt hat die stärkste krampflösende Wirkung, außerdem wird über den Lebermeridian die Qi-Funktion in allen Meridianen angeregt.

Organuhr

Die Gallenblase arbeitet am intensivsten zwischen 23 Uhr und 1 Uhr in der Früh. Die Leber hat ihre Hauptarbeitszeit zwischen 1 Uhr und 3 Uhr früh. Laut Organuhr verlangsamt sich in dieser Zeit der Stoffwechsel. In der Folge sollen Herzfrequenz, Blutdruck und Körpertemperatur sinken. Laut TCM sind in dieser Zeit Körper und Geist mit der Entgiftung beschäftigt. In dieser Zeit sollten wir auf einen ruhigen und erholsamen Schlaf achten. Auf jeden Fall sollte zu dieser Uhrzeit auf Essen, Alkohol und Rauchen verzichtet werden. Gallenblase und Leber sind hier im Rhythmus der Stille.

Die höchste Form des Fastens und Entsäuerung

Wie bereits erwähnt, sorgt eine Fastenkur im Frühjahr dafür, den gesamten Organismus zu entgiften und von Fehlsäften zu befreien. Es ist mit eines der wichtigsten Dinge, die wir zumindest einmal jährlich durchführen sollten, da der Körper in vielen Situationen, beispielsweise bei Zorn, Wut, Stress, schnellem Essen, sogenannte Schlackstoffe bildet. Der Bewegungsapparat fühlt sich danach nicht nur geschmeidiger, sondern auch beweglicher an. „Clean me out!“ heißt das Frühlingsmotto.

[4] Qi-Maschine: siehe Quellenverzeichnis

Eine alte bewährte Entgiftungsmöglichkeit, um übermäßige Stoffwechsel-Abfallprodukte zu beseitigen, stellt der Aderlass nach Hildegard von Bingen dar. Der Aderlass ist vor allem durch die Hildegard-Medizin bekannt. Hier wird bewusst die Lebervene angezapft, um die Schadstoffe schneller aus dem Blut zu bekommen.

„Der Mensch soll bei abnehmendem Mond zur Ader gelassen werden, zwischen dem ersten und sechsten Tag nach Vollmond."

Hildegard von Bingen

Ein Aderlass über die Leber-Vene hilft, die Entsäuerung (Entgiftung) anzuregen und die Aktivierung der Selbstheilungskräfte für den ganzen Körper zu beschleunigen. Die Blutentnahme leitet nach Hildegard von Bingen die schlechten Säfte beziehungsweise Fäulnisstoffe schonend aus – so lange, bis das helle, arterielle Blut kommt. Die körpereigene Apotheke öffnet sich und setzt die Selbstheilungskräfte so in Gang. Diese Technik leitet ebenso einen Verjüngungsprozess im Körper ein.

Ernährung und Gesunderhaltung im Element Holz

Weniger Kalorienzählen, mehr nach Farbe und Geschmack essen – so lautet die Devise im Frühling. Für eine schwache Leber steht die Farbe Grün im Vordergrund:

- Wildgemüse
- Wildkräuter
- unbehandeltes frisches Obst und Gemüse
- Keime und Sprossen sollten täglich auf dem Teller landen.

Essen sollten wir ausnahmslos in einem entspannten Zustand. Das stellt in der heutigen stressigen Zeit sicher eine Herausforderung dar. Gerade deswegen sollten wir daraus ein bewusstes und entspanntes Ritual kreieren.

Emotionen als Wegweiser

Die geistig-seelische Botschaft der Leber

Anhaltende Schuldgefühle und eine starke Selbstverurteilung können auf dieser Ebene über kurz oder lang zu Leberleiden führen. Eine gesunde Leber scheidet das Belastende aus und hält am Guten fest. Wenn wir aber nicht in der Lage sind, das Alte und Negative loszulassen, belastet das die Leber. Vor allem geht die Lebenskraft verloren. Selbstreflexion ist hier die Lösung. Fragen, die in die Selbstheilung führen können:
- Wo bin ich zu stark in der Bewertung?
- Was kann ich nicht loslassen und warum?
- Wo in meinem Leben agiere ich maßlos?
- Habe ich zu hohe Ideale?
- Wo will ich zu viel?

Aspekte der Kabbala zum Holz-Element

Im Element Holz, dem bereits beschriebenen Funktionskreis Leber-Gallenblase, dominiert die Zahl **2**. Sie steht für das Prinzip der Teilung, Polarität und dem Gesetz von Ursache und Wirkung. Durch diese Wechselwirkung und dem Hin und Her hat die 2 den Wunsch nach Einzigartigkeit. Sie beziehungsweise der dazugehörige hebräische Buchstabe „Beth" – das Haus der Seele – beschreibt die Welt des Lärms und der lauten Geräusche.

ב

BETH

Der hebärischn Buchstabe „Beth" kann übrigens auch bei Kinderwunsch visualisiert werden. Mit ihm wird die Seele eingeladen zu inkarnieren. Wie das Frühjahr, welches dem Element Holz Leber-Gallenblase zugeordnet ist, tragen wir die Ausdehnung und das Heranwachsen

samt der damit verbundenen explodierenden Aggression in uns. Die negativen Emotionen, die wir hier fühlen können, sind vorrangig Ablehnung, Verbitterung und oft die Unfähigkeit, Entscheidungen zu treffen und für sich selbst einzustehen. Wir neigen besonders leicht, in eine Opferhaltung zu gehen, anstatt selbst Schöpfer unseres Lebens zu sein. Ein starkes Element Holz bedeutet, auch Nachsicht zu haben, Bewunderung aussprechen zu können und anderen versöhnlich gegenüberzutreten. Um von der Fremdbestimmung in die Selbstbestimmung zu kommen, hilft es, dass wir uns die Zahl 222 auf die Körperstelle der Leber zukleben. Die Zahl wirkt, wie alle kabbalistischen Gesundheitszahlen, auf alle drei Ebenen: Körper, Geist und Seele.
Die Sehnen und Bänder können mit der Gesundheitszahl 885 unterstützt und gestärkt werden. Die unterstützende Gesundheitszahl 543 hilft, um besser in die Selbstreflexion zu kommen. Zusätzlich können wir sie einsetzen, um unsere Entscheidungskraft zu stärken. Sie unterstützt uns dabei, von der Passivität in die Aktivität zu kommen.

Holistische und geschichtliche Verbindungen

Der Wert eines Heilmittels (auch das Essen) wird aus Sicht von alten Heilerinnen und Heilern daran gemessen, wie die drei Kraftfelder Körper, Seele und Geist in Beziehung stehen. So gehört der besondere Saft der Galle ins Holz-Element und besagt: *„Bevor Adam das göttliche Gebot übertreten hatte, leuchtete das, was heute die Galle im Menschen ist, hell wie ein Kristall in ihm und hatte den Geschmack der guten Werke in sich.“* Das, was heute die Schwarzgalle im Menschen ist, strahlte damals in ihm wie die Morgenröte und barg das Bewusstsein und die Vollendung in ihm. Nach der Gebotsübertretung von Adam, wurde der Glanz der Unschuld in ihm verdunkelt. Seine Augen die vorher Himmlisches sahen, wurden ausgelöscht und die Galle in Bitterkeit verkehrt – die Schwarzgalle in die Finsternis der Welt gewandelt. Seine Seele wurde von Traurigkeit erfasst, die sich bald in Zorn wandelte. Im Buch „CAUSAE et CURAE“ von Hildegard von Bingen finden wir dazu weitere Texte.

Heilpflanzenempfehlungen zur Stärkung des Holz-Elements

In der TCM und Phytotherapie gibt es einige besondere Heilpflanzen, die das Element Holz hervorragend stärken. Ganz besonders ist eine Kräutermischung, die als Energietee getrunken werden kann, empfehlenswert. Diese besondere Mischung verhindert Stauungen im Lebersegment und lässt die Leber regelrecht jubeln.

Zubereitung und Anwendung:

Zu gleichen Teilen werden chinesische Datteln, Weiße Pfingstrosen, Goji-Beeren, Süßholzwurzel, Ingwer, Färberdistel, Bitterorange und Fenchel zerkleinert. 2 EL werden in ½ Liter Wasser 20 Minuten leicht geköchelt.

Besonders Bitterpflanzen, wie Andorn, Löwenzahnwurzel, Schafgarbe, Enzianwurzel wirken stark leberstärkend. Auch Wermut, Augentrost, Fenchelfrüchte, Wegwarte und die Pomeranze verfügen über einen hohen Bitterstoffgehalt. Der Kalmus reinigt nicht nur die Leber, sondern auch das Gehirn. Er hilft beim Abbau von Toxinen, unterstützt die Psyche, hilft bei Seh- und Gehörstörungen und lindert Kopfschmerzen.

Zubereitung und Anwendung:

Eine Pflanzenmischung aus den eben empfohlenen Heilpflanzen sollte für einen Teeauszug aus 2 bis 5 verschiedenen Pflanzen bestehen. Die Regel besagt, 1 bis 2 Pflanzen als unverzichtbares Basismittel, gepaart mit 1 bis 2 Pflanzen als Begleitmittel, 1 spezifiziertes Hauptmittel, 1 Geschmackskorrigens für die Bekömmlichkeit und 1 Füllmittel als Entmischungsschutz.

Solch eine Bekömmlichkeitspflanze wäre beispielsweise die Süßholzwurzel. Sie hat einen starken leberschützenden Effekt, leitet Lebergifte aus und unterstützt bei viralen und antiviralen Erkrankungen, wie Hepatitis A und C. Sie kann auch bei toxischen Leberschädigungen eingesetzt werden. Süßholz hat außerdem einen Hemmeffekt auf die Fettsäuren, wodurch das Risiko von Arteriosklerose reduziert wird und gleichzeitig vor oxidativem Stress schützt. Die Süßholzwurzel wirkt deutlich stärker antioxidativ und entzündungshemmend als das Vitamin E für sich. Studien belegen, dass diese Zauberwurzel nicht nur bei Krebserkrankungen positive Effekte hat, sondern auch eine heilende Wirkung bei einem Befall von Herpesviren, Variziellea-Zoster-Viren, HIV, etc. Frankfurter Virologen berichteten, dass das in der Süßholzwurzel enthaltene Glycyrrhizin (ein Saponin) die Vermehrung des SARS-Virus stärker hemmt als andere Wirkstoffe. Diese Zauberwurzel, die in unseren Breitengraden die höchste Leberschutzpflanze ist, sollten wir daher unbedingt bei uns in der eigenen Haus- und Kräuterapotheke lagern, wobei sie bei Bluthochdruck NICHT eingenommen werden darf!

Eine weitere leberstärkende Pflanze ist der Erdrauch. Im arabischen Raum steht die Heilpflanze für eine schöne Haut. Sie wirkt außerdem regulierend auf die Gallensäureausschüttung.

Wermut schätzte man oft als Wein, kann aber als Tee zubereitet noch besser sein. Pfarrer Künzle (1857 - 1945) verordnete den Korbblütler als besondere Arznei. Er empfahl: *„Ist einer grün wie ein Laubfrosch, mager wie eine Pappel, nimmt täglich an Gewicht und Humor ab und wirft keine Schatten mehr, der nehme einen TL Wermut alle zwei Stunden.“* Der Wermut wirkt besonders appetitanregend, tonisierend auf den Magen und die Gallenblase, gallenflussfördernd, entzündungshemmend und krampflösend. In höheren Dosierungen wirkt er auch anregend und ausgleichend auf das Zentralnervensystem. Er eignet sich außerdem hervorragend zur Nachbehandlung überstandener Gallenkoliken und zur Regeneration bei Schwächezuständen.

Das Baikal-Helmkraut wurde bereits im vorherigen Kapitel vorgestellt. Es gilt weiters in der Heilpflanzenwelt als Alleskönner. Eine erfolgreiche Anwendung findet es beispielsweise bei Allergien. Es wirkt stark antibakteriell und stärkt das Immunsystem. Das Baikal-Helmkraut ist auch als pflanzlicher Viruskiller bekannt. Es bekämpft beispielsweise SARS-Viren, wirkt entzündungs- und schmerzhemmend sowie krampflösend. Es hat eine besondere Wirkung auf die Leber-Hirnachse und unterstützt die Heilung bei viraler und bakterieller Hirnhautentzündung. Außerdem wirkt es auf das Gewebe regenerierend und schützt vor Ablagerungen.

Zubereitung und Anwendung:
Ruhekugeln mit Baikal-Helmkraut: 4 Stück klein geschnittene Datteln (die haben übrigens einen basischen Effekt), eine kleine zerdrückte Banane, ein paar geriebene Walnüsse (fördern die Melatoninbildung), eine Prise Kardamon als Einschlafhilfe, etwas Muskatnuss für intensive Träume und 2 - 3 Messerspitzen pulverisiertes Helmkraut zusammenmischen und in kleine Kugeln rollen. Diese dann mit wenig Rohkakao bestreuen – da freut sich übrigens die Zirbeldrüse. Diese Ruhekugeln sind perfekte Einschlafhilfen und Nervenberuhiger.

„Mit diesen Kräutern entscheiden
die Menschen nicht über ihre Zukunft,
sie entscheiden über ihre Gewohnheiten
und ihre Gewohnheiten entscheiden über ihre Zukunft."

Frederick Mathias Alexander, Begründer der Körpertherapie
Alexander-Technik des 19. Jahrhunderts

Lithotherapeutische Empfehlungen zur Stärkung des Holz-Elements

Lithotherapeutische Anwendungen im Holz-Element sind regelrecht ein Fenster zur Innenwelt. Eine Steinanalyse im Frühjahr gibt Aufschluss, wie es um Leber und Gallenblase steht. Zusätzlich erhalten wir Hinweise, wie es um die Energie in Muskulatur, Sehnen, Wirbelsäule, Becken und in den Augen steht. Die Analyse der Augen hat eine lange Geschichte. Bereits die Babylonier lasen Krankheiten von der Iris – dem gefärbten Teil – ab. Wie eine Landkarte soll die Regenbogenhaut bestimmte Organe repräsentieren und Auskunft über das aktuelle Befinden geben. Bei Augenleiden kann mit einem fluorhaltigen Aluminiumsilikat, dem Topas, geholfen werden. Dieser muss eine ausreichende

Qualität und Farbsättigung haben. Er schwingt konstant auf der Frequenz der Bioenergie und wirkt somit pulsierend auf die Lebensenergie. Und diese kann sich bekannterweise innerhalb von kurzer Zeit verändern, eben wie auch unsere körperliche und seelische Verfassung.

*„Die Herzensliebe ist wie ein Feuer,
wenn man nicht ab und zu etwas nachlegt,
geht es aus."*

Frühsommer – In Balance mit dem Feuer-Element

Aspekte der TCM zum Element Feuer

Der Frühsommer steht für ein starkes Yang und ein maximales Wachstum. Die Jahreszeit ist geprägt von Hitze. Es ist die Blütezeit der Pflanzen und die Zeit zum Sein und genießen. Auch Liebe und Erotik dominieren. Wir drängen nach draußen und wollen das Leben im Genuss leben. Auf geistiger Ebene erhält das Bewusstsein mehr Klarheit. Dem Frühsommer ist das Element Feuer zugeordnet. Dieses Element symbolisiert pure Lebenskraft und Lebensfreude. Die Sonne steht zu dieser Jahreszeit am höchsten und die zugeordnete Himmelsrichtung ist der Süden. Daher trägt das Feuer-Element auch die Farbe Rot.
Das Element Feuer beinhaltet das Yin-Organ Herz und das Yang-Organ Dünndarm. Das Yin-Organ Herz ist das wichtigste aller inneren Organe. Die Chinesen nennen es auch „Der Herrscher/der Monarch". Das Herz regiert sozusagen das Blut und kontrolliert die Blutgefäße. Es beherbergt den Geist SHEN und ist für die Umwandlung des Nahrungs-Qi in Blut zuständig. Eine der wichtigsten Funktionen ist die Regulation der Blutzirkulation. Herrscht eine sogenannte Herz-Blut-Leere, ist die Blutzirkulation vermindert. Dies zeigt sich beispielsweise in kalten Händen. Wenn das Herz-Qi stark ist, dann sind auch die Blutgefäße in Ordnung und der Puls normal. Der Zustand des Herzens ist gut im Gesicht ablesbar. Ist das Herz gesund, dann ist das Gesicht rosig und voller Strahlkraft. Disharmonien zeigen sich also im Gesicht.

- Ein blasses und weißes Gesicht weist auf einen Blutmangel hin.
- Ein bläulich, violettes Gesicht zeigt eine Blutstagnation auf.
- Bei einem übermäßig roten Gesicht ist zu viel Hitze im Herz vorhanden.

Wie bereits erwähnt, wohnt im Herz der Geist SHEN. Er beeinflusst:
- unsere mentalen Fähigkeiten,
- den Intellekt,
- die Psyche,
- das Bewusstsein und
- die Schlafqualität.

Die Chinesen sagen, dass der Geist SHEN die Träume kontrolliert. Haben wir ein starkes Herz-Blut, dann fallen wir schnell und tiefer in den Schlaf. Bei einer Herz-Blut-Schwäche findet der Geist SHEN keine Ruhe und es kommt zu Durchschlafstörungen und übermäßigen Träumen. Das Herz hat außerdem einen Bezug zur Zunge. Die Zunge ist laut der TCM der Ausläufer des Herzens und kontrolliert Farbe, Form und Aussehen der Zunge sowie den Geschmackssinn. Die Chinesen sagen, dass das Herz mit der Zunge kommuniziert. Wenn dieses in Harmonie ist, dann kann die Zunge die fünf Geschmacksrichtungen gut unterscheiden. Das Herz beeinflusst aufgrund ihres Zungenbezuges auch die Sprache. Bei einer Disharmonie kann es:
- zum Stottern,
- zu einer Störung des Sprachverständnisses,
- zu einem ununterbrochenen Sprechen und
- zu unangebrachtem Lachen kommen.

Das Herz hat auch einen kontrollierenden Bezug zum Schwitzen. Schweiß ist eine Flüssigkeit, die aus dem Raum zwischen Haut und Muskeln kommt. Es besteht ein wechselseitiger Austausch zwischen Blut und den Körperflüssigkeiten. Ist das Blut zu dick, treten Körperflüssigkeiten in die Blutgefäße ein und verdünnen das Blut. Ein wichtiger Hinweis: Ein Mensch, der an einer Blutung leidet, sollte daher nie zum Schwitzen gebracht werden. Spontanes Schwitzen weist eine Disharmonie hinsichtlich einer Herz-Qi-Schwäche oder eines Herz-Yang-

Mangels auf. Die Funktion der Porenschließung ist durch diesen Mangel nicht mehr gewährleistet. Ein Herz-Yin-Mangel führt zu Nachtschweiß, wobei ein reichliches, beständiges Schwitzen zu einem Blutmangel führen kann. Große Überraschung: Das Herz verachtet Hitze. Der äußere pathogenene Faktor Hitze, bedingt durch den Sommer, kann die Herzöffnungen vernebeln. Zeichen für solch eine Disharmonie sind:
- Störung des Sprachverständnisses,
- Delirium und
- Koma.

Das Herz mit seinen 9 Meridianen können wir unterstützen, indem wir regelmäßig den Endmeridian He 9 klopfen beziehungsweise pressen, der sich an der Innenseite des kleinen Nagels befindet.

Zeichen von Disharmonien sind:
- Schmerzen im Bereich des Herzens,
- Herzklopfen,
- Schlaflosigkeit,
- Nachtschweiß,
- Durst und
- Schmerzen im inneren Armbereich.

Der Dünndarm, das Yang-Organ, ist das Pendant zum Herzen. Er nimmt die Nahrung und die Getränke nach der Verdauung entgegen. Die unreinen Flüssigkeiten werden vom Dünndarm in einen reinen und unreinen Teil getrennt. Der reine Teil gelangt zum Dickdarm, um dort resorbiert zu werden. Der unreine Teil gelangt zur Blase und wird dort als Harn ausgeschieden. Das Nieren-Yang ist hier die kontrollierende Kraft. Die Chinesen sagen: *„Der Dünndarm ist der Beamte, der das Empfangen, Gefülltwerden und Umwandeln beaufsichtigt.“* Aus psy-

chologischer Sicht hat der Dünndarm einen direkten Einfluss auf die geistige Klarheit, Entscheidungskraft und Urteilsfähigkeit eines Menschen. Wichtiges kann von Unwichtigem getrennt werden und liefert die Basis für das Fällen von Entscheidungen.
Bei einer Leere des Dünndarms kann der Mensch also schlechter Entscheidungen treffen. Der Dünndarm verfügt über insgesamt 19 Meridiane. An der Außenseite des Kleinfingers beginnt Dü 1 und endet beim Ohr Dü 19. Um den Dünndarm zu unterstützen, ist es empfehlenswert, den Anfangs- und Endmeridian regelmäßig zu klopfen beziehungsweise zu pressen.

Zeichen von Disharmonien des Dünndarms sind:
- Schmerzen der hinteren Schulter und des Armes,
- Taubheit,
- entzündeter Hals,
- Blähung und Schmerzen im Unterbauch und
- häufiges Wasserlassen.

Eine Akupressur des Herzmeridians H 7 eignet sich hinsichtlich einer Soforthilfe bei Lampenfieber vor Schularbeiten oder vor öffentlichen Auftritten. Dieser Punkt liegt am Kreuzungspunkt einer Linie vom inneren Rand des Erbsenbeins mit der Haupthandlinie.

Man massiert mäßig stark, erst links, dann rechts 10 bis 30 Sekunden. Mit diesem Punkt lässt sich übrigens auch Flugangst behandeln. Bei niedrigem Blutdruck können wir uns unterstützen, indem wir den Daumennagel auf die Mittelfingerkuppe drücken. Dort befindet sich der Kreislaufmeridian KS 9.

Organuhr

Das Herz hat seine Hauptarbeitszeit von 11 Uhr bis 13 Uhr. Eine Pause und ein Moment der Ruhe helfen uns dabei, dass sich das Herz beruhigt und wir Stress abbauen. Der Dünndarm ist von 13 Uhr bis 15 Uhr am aktivsten. Eine leichte Mahlzeit und konzentrationsfördernde Aktivitäten passen gut in diese Phase.

Emotionen als Wegweiser

Was das Herz aus dem Takt bringt, ist immer eine Emotion. Es kann vor Freude bis zum Hals schlagen und gefühlt vor Schreck stehen bleiben. Herzkrank werden wir, wenn wir verlernen, auf unsere Gefühle zu hören und die Dinge ausnahmslos mit dem Verstand zu lösen versuchen. Mangelnde, unzureichende oder falsche Auseinandersetzung mit den eigenen Lebensthemen kann dazu führen, dass wir Darmprobleme bekommen. Unterdrücken wir Ärger, Stress und Hektik, kann dies sogar bei häufiger Wiederholung zu Geschwüren im Darm führen. Herz und Dünndarm stehen, wie alle Yin- und Yang-Organe in der TCM, in einer energetischen Wechselbeziehung. Leiden wir an Herzschmerz, kann sich dies in Dünndarmproblemen äußern.

Die geistig-seelische Botschaft des Herzens

Unser Herz ist das Zentrum unserer Existenz und gibt unseren Gefühlen regelrecht ein zuhause. Es ist auch der Mittelpunkt unserer Liebe, der Ort, wo wir tiefe Gefühle wahrnehmen können. Nicht nur die Lebensfreude hat ihren Ursprung im Herzzentrum, sondern auch Tapferkeit, Mut und Großzügigkeit. Das Herz ist mit allem verbunden und das Triebwerk unseres Lebens. Es ist daher abhängig von ausreichender physischer Bewegung und lässt gleichzeitig Empfindungen in unserem System „bewegen“. Wenn wir stagnieren beziehungsweise in Stillstand geraten, kann auch das Herz nicht mehr frei schlagen. Das geschieht vor allem, wenn wir zu verstandesgesteuert sind. Je mehr wir über die Dinge und Situationen, die uns passiert sind, nachdenken, desto mehr entziehen wir unserem Herzen die Energie. Holistisch betrachtet, ist es daher ganz besonders wertvoll, genau auf das eigene Herz zu hören. Wenn das Herz stolpert oder rast, ist das oft ein sicheres Zeichen für eine Verfehlung, eine Störung der inneren Ordnung und des eigenen natürlichen Rhythmus. Wenn wir uns weigern, auf unsere Intuition zu hören und mehr im Verstand sind, wird es uns irgendwann dazu zwingen, wieder auf unser Zentrum zu hören. Zuviel ursächliches Denken und Überlegen von vergangenen Ereignissen führt zum Verlust der eigenen Mitte – unserer Uressenz. Das heißt so viel wie, dass zu viel Gehirnfunktion zu einem Herzinfarkt führen kann. Gehirn und Herz sind zwei bedeutsame Zentren, die der Mensch hat. Wir Menschen in der westlichen Welt leben primär im Verstand und weniger im Herzen. Laut Statistik Austria stellten Herz-Kreislauf-Erkrankungen im Jahr 2022 die häufigste Todesursache dar. Daher ist es umso wichtiger, sich regelmäßig mit seinem Herzzentrum zu verbinden. Eine Herz-Kohärenz-Meditation[5] kann dabei schon wahre Wunder wirken. Bei Herzstörungen oder schon allein für die Vorsorge sollten wir uns regelmäßig folgende Fragen stellen:

- Treffe ich meine Entscheidungen mit meinem Herzen?
- Wird mein Leben zu viel von meinem Verstand bestimmt oder höre ich auch auf meine Intuition?
- Halte ich Kopf und Herz, Verstand und Gefühl in einem harmonischen Gleichgewicht?
- Gibt es in meinem Leben noch genug, was mich bewegt?

[5] Verfügbar im Onlinekurs „Kurs in emotionaler Freiheit“, siehe Quellenverzeichnis

Die geistig-seelische Botschaft des Dünndarms

Wenn wir auf der geistig-seelischen Ebene mit Ereignissen oder Tatsachen konfrontiert werden, die wir nicht so leicht „verdauen“ und akzeptieren können, sorgt dies für ein inneres Chaos. Durch diesen inneren Widerstand fühlen wir uns unter Druck gesetzt. Wir spüren regelrecht, dass es in unserem Innersten arbeitet. Wenn wir etwa häufig unter Blähungen leiden, sollten wir uns Fragen zu unserer inneren Ruhe stellen. Diese gilt es bewusst wiederzufinden. Gerade in der heutigen Zeit von Multitasking und Co sind wir dahingehend besonders gefragt. Diese Lebensweise ist eine Katastrophe für unser ganzes System. Erst wenn wir wieder die Dinge Schritt für Schritt angehen und versuchen, die Welt nicht so tragisch und weniger ernst zu sehen, kann sich auch der Dünndarm wieder mehr entspannen. Mehr Toleranz gegenüber Neuem und ein willkommener Umgang mit Veränderungen kann weiters helfen, das, was uns tagtäglich begegnet, leichter zu „verdauen“. Wir finden somit wieder mehr in unseren inneren Frieden zurück.

Aspekte der Kabbala zum Element Feuer

„Viel Wundersames wird euch begegnen,
manches, was euch bezaubern,
anderes, was auch verängstigt,
doch lasst euch nicht vom Augenschein
verführen und verwirren,
haltet euch an Zahlen –
findet durch die „goldenen" Schlüssel
zum Kosmos; und seid versichert:
Die (Be)rechnungen, die ihr anstellt,
werden schließlich ohne Rest aufgehen,
alles fügt sich ineinander."

Pythagoras, Mathematiker, 570 v. Chr. – 480 v. Chr.

Das Feuer-Element-Temperament zeigt sich vor allem in der Vitalität und starken Willenskraft. Unser Selbstbewusstsein und der Optimismus sind im Sommer eindeutig erhöht.

Das Feuerprinzip des Herzens mit der Gesundheitszahl 444 schwingt auf Ordnung, Struktur und Sicherheit. Den Dünndarm können wir mit der Gesundheitszahl 579 unterstützen. Ab dem Jahr 2023 befinden wir uns in der Qualität der Stäbe, den sogenannten anderen Welten. Hier sind wir in den nächsten Jahren sehr gefragt, ins eigene Tun und Handeln zu kommen. Die Kraft dahinter finden wir im hebräischen Herzbuchstaben „Puls". Das dazugehörige Bild ist der hebräische Buchstabe GIMEL. Es ist der Antrieb – das Kamel, das uns durch das Leben trägt.

ג

גמל

Wenn wir uns öfter mit diesem Buchstaben verbinden, ihn ansehen und auflegen, dann verstärkt sich die Energie regelrecht in unserem System, denn wir gehen und bleiben in Bewegung. Wenn wir in Balance sind und das höchste Feuer Yang gleichmäßig brennen lassen, sind wir Menschen voller Energie und Dynamik. Doch wehe, das innere Feuer beginnt zu lodern. Das zeigt sich darin, dass wir schneller die Fassung verlieren und in einer zornigen Haltung verharren. Wir können uns, wenn dieses Element zu stark wird, zu einer regelrechten Tyrannin entwickeln. Das ist die Kehrseite. Mit heftigen Gefühlsregungen bis zu vulkanausbruchsartigen Wutanfällen ist dabei zu rechnen. Der gutmütige Gegenspieler ist hier wie bereits erwähnt, der Dünndarm, der hilft, diese Ausbrüche zu verdauen. Genau das charakterisiert die typischen Sommermenschen.

Das Herz hat 9 therapierbare Akupunkturpunkte. Die Zahl 9 ist in der Kabbala die Vollkommenheitszahl und besagt, dass wir selbst unser Richtungsdreher sein können. Wir können in dieser Schwingung alles zu unserem eigenen Vorteil drehen. Das heißt umgelegt auf eine Dysbalance, können wir mit der Zahl 9 arbeiten, um den inneren Vulkan doch nicht ausbrechen zu lassen und uns wieder mehr auf die eigene

Mitte zu fokussieren. Bewusst atmen und die Zahl 9 visualisieren und sich dabei vorstellen, wie sich die innere Unruhe wieder legt.
Der Gegenspieler ist der Dünndarm mit 19 therapierbaren Akupunkturpunkten. Das entspricht in der Kabbala der Sonne. Mit dieser Zahl können wir arbeiten, um bewusst nichts Dunkles im Darm, der bekanntlich eine Verbindung zum Gehirn hat, abzuspeichern und gut ins „Verdauen“ zu gehen. Bei Verdauungsproblemen, die über psychische Schwermut verursacht werden, ist die Zahl 579 aufzulegen und diese zu visualisieren.
Den Granatapfel mit seinen 613 Kernen kennen wir bereits aus der Schöpfungserzählung im Zusammenhang mit den Geboten und Verboten der Thora und des Talmud. Dieser wird als Segen für Kraft zum Leben sowie Erhaltung und Förderung unseres Herzensdaseins gesehen. Der Granatapfel hilft außerdem den Zellen, sich besser und schneller zu regenerieren. Er unterstützt und aktiviert die Sirtuine (Proteine in unserem Körper), die Krebserkrankungen verhindern. Außerdem ist er ein toller Östrogenlieferant, der für ein jugendliches Aussehen sorgt. Und bezüglich seiner antioxidativen Wirkung hat er einen extrem guten Effekt auf das Herz-Kreislauf-System.
Um eine Entspannung der Blutgefäße herbeizuführen beziehungsweise zu unterstützen, empfehlen die Kabbalisten, einen Wasserkrug während der Nacht auf die Tarotkarte 6 zu stellen. Dieses energetisierende Wasser soll dann über den Tag verteilt getrunken werden. Viele Ungleichgewichte, unser Herz betreffend, kommen wie bereits erwähnt aus einer seelischen Dysbalance. Hier können wir uns mit der Nervenzahl 133 gut unterstützen. Sie stärkt das Nervenkostüm und lässt das Herz ruhiger werden. Wir können uns hier bildlich unser Herz als Mühlrad vorstellen, das sich durch das Wasser bewegt. In diesem Flussbett, dem Kreislaufsystem, erkennen wir Weite und Tiefe unserer Seelenlandschaft.

Heilpflanzenempfehlungen zur Stärkung des Feuer-Elements

Tägliche Gesundheitsvorsorge für das Herz

Ein paar Fakten: Das Herz ist ein 300 Gramm schwerer Hohlmuskel hinter dem Brustbein und versorgt den ganzen Körper mit Blut. Bei einer durchschnittlichen Lebenszeit ergibt das etwa zwei Milliarden Schläge. Täglich setzt das Herz ca. 8000 Liter Blut um und sichert somit die Durchblutung der Organe. Die gesamte Länge aller im erwachsenen menschlichen Körper vorhandenen Blutgefäße beträgt ungefähr 100.000 Kilometer. Das ist eine längere Strecke, als würde man zweimal um die Erde reisen.

Das Herz sorgt nicht nur dafür, dass Organe, ihr Gewebe und die Zellen mit Sauerstoff versorgt werden, sondern auch, dass die Abfallstoffe wie Kohlendioxid abtransportiert werden. Dabei unterscheiden wir zwei Blutkreisläufe: den kleinen Lungenkreislauf und den größeren mit Druck laufenden Körperkreislauf. Laut Hildegard von Bingen ist es immens wichtig, dass wir gut auf unseren „Blutsaft" achten. Er darf nicht eindicken und auch nicht unsere Gefäße verwachsen lassen. Eine sehr gute Gesundheitsvorsorge für das Herz ist der sogenannte Aderlass, wie bereits im Kapitel „In Balance mit dem Holz-Element" beschrieben. Regelmäßig „genossen", korrigiert dieser unsere Fehlsäfte. So werden verderbliche, krankmachende Stoffe im Blut beseitigt und der Reiz einer neuen Blutbildung ist gegeben. Beide Blutkreisläufe werden vitalisiert und gesteigert. Der beste Zeitpunkt für einen Aderlass ist zwischen 1. und 6. Tag nach Vollmond. Wichtig dabei ist, auf die Nahrung (vorzugsweise Urdinkel) zu achten und die Augen zu schützen, da diese lichtempfindlicher werden.

Um im Feuer-Element mehr Energie zur Verfügung zu haben, ist es ratsam, generell warm gekochte Speisen zu sich zu nehmen. Vor allem dem Vollgetreide ist hier der Vorzug zu geben. Auch Bitterstoffe und sämtliche sekundäre Pflanzenstoffe wirken unterstützend auf das Feuer-Element. Folgende Heilpflanzen sollten in den täglichen Gebrauch eingebaut werden, da sie das gute Blut vermehren:

- Wermut
- Schafgarbe
- Andorn
- Weißdorn
- Herzgespann
- Buchweizenkraut
- Anis
- Kümmel
- Betram
- Galgant

Galgant gilt als pflanzliche Notfallmedizin bei Herz-Kreislauf-Beschwerden. Hier empfiehlt es sich, eine Prise auf den Handrücken zu geben und zu lutschen oder einen Tab einzunehmen. Solche Tabs immer griffbereit in der Handtasche zu haben, wäre für so eine kleine Notfallapotheke sehr empfehlenswert. Zu viel Hitze im System zeigt sich durch einen erweiternden Brustkorb, Stauungen, rotem Kopf und Gesicht. Hier ist es ratsam, in den Sommermonaten eher eine kühlende Kost zu sich zu nehmen. Salate und wasserhaltiges Gemüse sollen auf dem Speiseplan stehen.
Unsere Pflanzen, die am Herz-Kreislauf-System wirken, waren in der heutigen westlichen Welt schon fast vergessen.

„Das HEILMITTEL ist nicht, was du siehst – in der Flüssigkeit gebunden liegt es ..."

Paracelsus 1493 - 1541

Der Olivenbaum steht für die Fülle des Lebens. Nicht nur die Oliven sind gesund, auch die Blätter des Olivenbaumes haben eine besondere Heilwirkung auf unser Gefäßsystem. Oleuropein ist ein antioxidativer

Naturstoff des Olivenbaumes. Es ist ein Bitterstoff, der gesundheitsfördernde Eigenschaften hat. Am besten werden die Olivenblätter in Form eines Olivenblatt-Gefäßtees zubereitet, welcher bei Grenzwerthypertonie verwendet werden kann:
Zubereitung:
3 TL Olivenblatt pulverisiert und 1 EL Hibiscusblüten werden mit einem ½ Liter kochendem Wasser übergossen. Dieses dann 15 Minuten ziehen lassen.

„... und ich sag nicht zum Scherz:
Weißdorn ist gut für unser Herz ...
erweitert Gefäße, löst den Krampf und
erleichtert unseren Lebenskampf!"

Wolfgang Ruppnig, FNL Hofdichter

Gemeinsam mit einer erfrischenden Minze geben die im Frühjahr gesammelten Weißdornblüten im Frühsommer in getrockneter Form viel Energie für lange, heiße Sommertage. Bei den Kelten galt der Weißdorn schon als heiliger Baum. Zusammen mit der Eiche und der Esche galt er als Sitz der guten Feen. Zur Walpurgisnacht und zum Maifest wurden schon damals die Kränze aus blühenden Weißdornzweigen als Sinnbild der HERZKRAFT getragen. Der Weißdorn zählt somit zu den weißmagischen Pflanzen. Die weißen Blüten mit ihrem eher frischen Geruch sind astrologisch dem Mond zugeordnet. Die Dornen verweisen auf den Mars und der Gehalt an ätherischen Ölen und Flavonoiden sowie seine Affinität zum Herzen zeigen die Sonne an. Um das Herz-Kreislauf-System zu stärken, können wir uns mit einem Weißdornknospen-Gemmomazerat unterstützen.

Zubereitung und Anwendung:
Frische Aprilknospen werden nach Rücksprache mit einem Phytotherapeuten mithilfe einer Mischung aus Glycerin, Wasser und Alkohol hergestellt. Diese Mischung wirkt sich positiv regulierend auf das vegetative Nervensystem und unsere Psyche aus. Weiters kann es bei

Angststörung, Nervosität, Labilität und körperlichen Beklemmungszuständen angewendet werden.
Aus dem harten Holz des Weißdorns wurden einst Werkzeuge und Spazierstöcke, den sogenannten Haglstegga, gedrechselt, die gerne beim Wandern eingesetzt wurden. Außerdem wurde der Weißdorn mit den Werten „Schutz" und „Guter Schlaf" assoziiert. Genau aus diesem Grund fertigte man früher die Wiegen und Betten von Kleinkindern aus diesem Holz an. Diese Verbindung zwischen Weißdorn und gutem Schlaf und Beruhigung reicht bis in die Wikingerzeit zurück. Sie nannten den Weißdorn auch Schlafdorn. Der Weißdorn hat auch einen Bezug zur Hexe und wurde früher Hexenbaum genannt. Die Hecke bildet die Grenze „HAG". Hagazussa – die Heckensitzerin. Da steckt das Wort Hexe schon drinnen. Hinter ihr sollen wir wohl geborgen und geschützt sein.

„Strahlend weiß dein Blütenkleid –
nimmst du uns das Herzeleid!
Deine Beeren rot wie Blut –
schenken uns Lebensmut!
Dornen bewehrt und hart dein Holz
schützt vor Finsternis und Stolz ...
In dir findet man Ruhe und Gelassenheit –
du Weißdornbaum der Lebenszeit!"

Dieta Walcher – Autorin und Vortragende

Die Hibiscusblüte, auch bekannt als Sudanesische Rose, hat eine kühlende Eigenschaft und hilft bei Dysbalance des Blutdrucks. Auch der von Hildegard von Bingen bekannte Petersilienwein (Herzwein) gilt als Universalheilmittel für das Herz. Er kann bei Herzschwäche, Herzschmerzen, bei der Rehabilitation von Herzinfarkten, Müdigkeit, Übermüdung, Schlaflosigkeit, Kraftlosigkeit und zur Rehabilitation nach grippalen Infekten eingesetzt werden. Die Petersilie enthält ätherische

Öle sowie Bioflavonoide, die als Sauerstoffradikalfänger eine entzündungshemmende Wirkung haben.
Zubereitung und Anwendung:
Für das Petersilien-Elixier (Herzwein) benötigt man 10 Stengel mit Blättern glatter Petersilie, 2 EL Weinessig und 1 Liter Rotwein. Diese Mischung soll 5 Minuten aufkocht werden. Anschließend soll 2 EL Honig hinzugegeben werden. Das Ganze dann nochmals 5 Minuten weiterkochen. Das Abkochen ist hier wichtig, denn nur in der Siedehitze entsteht aus der Petersilie und dem Honig die wirksame Herzglykosid-Verbindung. Den Wein abseihen und in eine sterile Flasche abfüllen. Die Empfehlung nach Hildegard von Bingen lautet, dass 3-mal täglich 1 Likörglas nach dem Essen genossen werden soll. Bei Schlaflosigkeit den Herzwein abends schluckweise ½ Tasse trinken. Zur Kräftigung wird 2-mal täglich 1 Likörglas empfohlen – bis Besserung eintritt.
Hinweis: Der Petersilien-Honig-Wein kann noch verstärkt werden, indem man die Petersilienwurzel mitkocht. Dadurch erreicht man eine stärkere Entwässerung. Zusätzlich kann als „Petersilien-Honig-Weinforte" zum Elixier noch 25 - 30 Tropfen Weißdorn (Crataegus-Urtinktur) hinzugegeben werden, wodurch eine stärkere Durchblutung des Herzmuskels und eine Kräftigung des Herzens erreicht wird.

*„Wer Schmerzen im Herzen, in der Milz
oder Seitenschmerzen hat, trinke den so
zubereiteten Wein oft (täglich),
und er heilt ihn."*

Hildegard von Bingen

Eine weitere Heilpflanze, die das Element Feuer unterstützt, ist der Gelbe Steinklee (Melilotus officinalis). Im Gegensatz zum Weißen Steinklee, der keine Wirkung hat, wird der Gelbe Steinklee oft als natürlicher Blutverdünner eingesetzt. Steinklee ist ein Schmetterlingsblütler, dem eine anerkannte Heilwirkung bei Venenschwäche, Lymphstauungen oder auch Gefäßausstülpungen (Hämorrhoiden) zugeschrieben wird.

Der Steinklee wirkt auch unterstützend hinsichtlich Durchblutung und stärkt die Widerstandskraft der Blutgefäße. Außerdem wirkt er entzündungshemmend und enthält vor allem Cumarine und Sapogenine. Diese bewirken durch die antioxidative und ödemprotektive Eigenschaft – neben einer Senkung der Gefäßdurchlässigkeit –, dass sich der venöse Rückfluss verbessert und der lymphatische Abtransport von Schadstoffen gesteigert wird. Der Einsatz vom Steinkleekraut eignet sich daher bei venöser Insuffizienz, Krampfadern und Thrombosen. Das im Steinklee enthaltende Cumarin ist ein sekundärer Pflanzenstoff und erweitert, als Tee getrunken, die Blutgefäße. Teereste können hervorragend als Gesichtswasser bei Roten Äderchen verwendet werden. Die Zubereitung und Anwendung ist in unterschiedlicher Dosierung möglich. Hier empfiehlt es sich, eine persönliche Befundung vornehmen zu lassen. Für eine Steinkleetinktur wird eine Handvoll blühendes Steinkleekraut zerkleinert und in ein Schraubglas gegeben. Danach wird das Kraut mit 40%igem Ethanol (Wodka oder Korn) übergossen. Die Pflanzenmenge muss gut mit Alkohol überdeckt sein. Man lässt es 10 Tage stehen, danach wird abgefiltert, und kann diese Urtinktur täglich tröpfchenweise einnehmen. Die Anwendung der Tinktur wird je nach Befundung tropfenweise eingenommen.
Lorbeerblätter haben einen unterstützenden Effekt bei der Entkalkung der Blutgefäße. Verkalkungen zusammen mit Fettablagerungen bilden eine harte, fest „verbackene" Schicht, die unsere Blutgefäße unelastisch und langfristig brüchig machen. Erst wenn die Gefäße fast bis zu 70 Prozent verstopft sind und damit der Blutdurchfluss extrem behindert wird, werden wir durch zu hohen Blutdruck darauf aufmerksam. Eine sehr effiziente Möglichkeit, diese Ursache von Bluthochdruck zu beseitigen, besteht aus einer einfachen Trink-Kur mit Lorbeerblätter-Tee.
Zubereitung und Anwendung:
Die Dauer dieser Kur beträgt 3 Tage. Es werden 5 g getrocknete und zerkleinerte Lorbeerblätter 5 Minuten lang in 300 ml Wasser gekocht. Anschließend soll man diese Mischung 3 bis 4 Stunden in der Thermoskanne ziehen lassen und danach den Tee abgießen. Man kann den Tee bereits am Vorabend oder am gleichen Tag in der Früh zubereiten und innerhalb von 12 Stunden schlückchenweise trinken. Trinkt man den Tee

nicht nach dieser Anweisung, sondern auf einmal, kann es vorkommen, dass sich Blut im Urin befindet. Diese Kur kann jährlich im Frühjahr oder im Herbst 3- bis 4-mal durchgeführt werden mit einem 2-wöchigen Abstand. Der gesamte Organismus (auch die Gelenke) werden von Kalk und anderen Ablagerungen gereinigt. Es empfiehlt sich, diese Kur bei abnehmendem Mond zu machen, da in dieser Mondphase der Körper leichter entgiftet. Färbt sich während dieser Kur der Urin leicht rosa, ist das ein Zeichen, dass sich im Körper viele Ablagerungen befinden. Nach dieser Kur können Schmerzen in den Gelenken, in der Wirbelsäule und bei Wetterveränderungen zurückgehen oder sogar verschwinden. Der Körper wird grundsätzlich beweglicher. So ganz nebenbei können wir rund ums Jahr unserem Körper und den Blutgefäßen etwas Gutes tun, wenn wir beim Zubereiten von Kartoffeln, Reis, Nudeln und Gemüse 2 bis 3 Lorbeerblätter zum kochenden Wasser dazugeben.

Lithotherapeutische Empfehlung zur Stärkung des Feuer-Elements

Mineralien umgibt ein ganz besonderer Zauber. Die Frage, die man sich stellen kann, ist, ob in ihnen tatsächlich „heilsame" Kräfte schlummern. Wir sind uns bei dem Gedanken einig, dass sich alles um die Sonne dreht. Sie ist der leuchtende Mittelpunkt unseres Planetensystems und der Urquell unseres Lebens. Aus dem Licht wird alles geboren und von ihrem Feuer alles belebt. Der Lauf von Tag und Jahr und der damit bedingte Wechsel aus Licht und Dunkelheit, Wärme und Kälte lässt alles Leben im Rhythmus der Sonne schwingen. Genauso lässt sich das auch auf unsere Steinwelten umlegen. Sie erfreuen unser Herz, heben die Stimmung und wirken wie Balsam auf unsere Seele. Sie lassen die widrigsten Gefühle über unseren Dünndarm verdauen. Im Weltbild von Hildegard von Bingen und dem Arzt Dr. Gottfried Hertzka, dem Begründer der modernen Hildegard-Medizin, der sich ein Leben lang mit der Welt des Jaspis auseinandersetzte, sind alle Edelsteine sonnenhaft, weil ihre Geburtsstätte die Morgenröte ist.

Der Chrysolith – oder auch Peridot genannt – festigt auf geistiger Ebene beim Träger das angelegte Wissen. Auf körperlicher Ebene kann er bei Herzschmerzen zum Einsatz kommen. Die Empfehlung von Hildegard von Bingen lautet, ihn in Olivenöl einzutauchen und auf der schmerzenden Stelle zu massieren. Die chemische Zusammensetzung dieses Edelsteins zeigt, dass ein Magnesiumeisensilikat enthalten ist. Je nach Eisengehalt schimmert der Stein in der Farbe Olive bis Gold. Das sonnenhafte, leicht entzündliche Magnesium wird auch „Lichtmetall der Erde" genannt. Es ist ein wichtiges Spurenelement, welches die Nerven und Muskeln – vor allem den Herzmuskel – unterstützt. Aus lithotherapeutischer Sicht hat dieser Edelstein eine besondere Farbfrequenz, die auf den hohen Eisen- und Magnesiumgehalt zurückzuführen ist. Am Herzen getragen, hilft dieser Edelstein, das gesamte Nervensystem zu beruhigen. Um sich komplementärmedizinisch mit diesem Edelstein zu behandeln, bedarf es allerdings einer guten lithotherapeutischen Beratung, da der Farbsättigungsgrad des Steins sehr genau mit dem Krankheitsbild abzustimmen ist. Selbst in der westlichen Medizin wird der Stein bereits bei stressbedingten Herzbeschwerden immer öfter eingesetzt. Zusätzlich kann dieser Edelstein bei Reizbarkeit, Schlafstörungen und krampfartigen Bauchbeschwerden eingesetzt werden. Lithotherapeutisch kann der grüne Peridot (Olivin) auch bei gut- oder bösartiger Zellaktivität begleitend angewandt werden. Das Einsatzgebiet des Peridots (Olivin) ist also vielfältig. Wir können diesen Stein als reine Kette tragen oder als größeren Anhänger an ein Band um den Hals hängend.

Der rote Jaspis ist DER Stein, welcher das Herz und die Durchblutung stärkt. Diese unterstützende Kraft des Steins zeigt sich in seiner Zusammensetzung von Siliciumoxid und eines körnig-dichten Quarzes. Die Zahl der Jaspisarten ist vielfältig hinsichtlich der Farbsättigung bis hin zur Amplitudenschwingung. Der Jaspis, der in der Lithotherapie hauptsächlich verwendet wird, ist die rotbraune Varietät. Diese Ausformung sorgt in erster Linie für eine bessere Durchblutung der arteriellen Gefäße. Die energetischen Impulse von diesem Jaspis bewirken eine Entkalkung der Arterien. Wie bereits erwähnt, hat der Naturheilarzt Dr. med. Gottfried Hertzka sich zu Lebzeiten intensiv mit der besonderen Heilwirkung des Jaspis beschäftigt. Er entwickelte einen sogenannten „Herzschrittmacher“ aus dem Jaspis. Dieser ist eine rotbraune Jaspisscheibe, von einem faustgroßem Jaspisbrocken gesägt, 8 Millimeter stark und 5 bis 8 Zentimeter groß. Eine Seite bleibt naturbelassen und roh, die andere Seite ist handpoliert. Die polierte Seite reflektiert das Endokard des Herzens, also die glatte Herzinnenwand, die keine Blutverwirbelungen zulassen kann. Die rohe, matte Seite der Platte spiegelt den Epikard des Herzens, die Herzaußenwand, wider. Die Platte wird bei Zimmertemperatur mit der polierten Seite auf die nackte Haut über das Herz gelegt. Oft wird der Jaspis trotz Zimmertemperatur als kalt empfunden, doch er erwärmt nach ca. 15 Minuten und kann sich sogar mit der Zeit sehr heiß anfühlen. Wenn dies geschieht, soll der Stein wieder abgelegt werden. Die erste körperliche Reaktion kann sich zeigen, indem Hände und Füße sich erwärmen. Später stellt sich dann eine bessere Durchblutung des Herzmuskels und der Herzkranzgefäße ein, was unter Umständen primäre Herzrhythmusstörungen beseitigt.

Der rote Jaspis unterstützt also überall dort, wo örtlich die Durchblutung gestört ist. Sei es nach einem Gehirnschlag, Tinnitus, verspanntem Nacken, Bluthochdruck etc. Bei der Behandlung eines schlecht durchbluteten Nackens unterstützt das Tragen einer Jaspiskette. Die Kette wird um den Hals gelegt und kommt so nicht nur mit den direkt betroffenen Stellen in Berührung, sondern auch gleichzeitig mit beiden Halsschlagadern (Carotis). Von dort erreichen die Impulse aus dem Jaspis beide äußeren wie inneren Kopfschlagadern und versorgen somit den ganzen Bereich des Kopfes. Braunrot und grün gemischte Jaspisplatten finden überall Verwendung, wo neben schlechter Durchblutung auch entzündliche Schmerzprozesse einhergehen. Für lokale Therapien wird diese Platte direkt auf die erkrankte Körperstelle gelegt. Hildegard von Bingen empfahl, den Stein auch in der Nacht mit ins Bett zu nehmen, da er generell regulierend auf das Träumen wirkt und somit den Menschen besser schlafen lässt. Auch der Geburtsprozess soll erleichtert werden, wenn die Frau einen Jaspis in der Hand hält. Er soll den Geburtsvorgang unterstützen und das Neugeborene vor Negativem beschützen.

„Geiz verkrampft die Gedärme
und Egoismus den Magen –
Drum sei freigiebig und trete
manchmal zurück!"

Spätsommer – In Balance mit dem Erde-Element

Aspekte der TCM zum Element Erde

Von den Jahreszeiten her entspricht das Element Erde dem Spätsommer. Die Früchte reifen und es ist Zeit für die Ernte. Erstmalig steht im Zyklus alles auf Harmonie. Der Energiequalität der Erde ist das Sammeln und Ausgleichen, die Umwandlung und Reifung zugeordnet. Die Erde steht für Stabilität, Sicherheit und Familienzusammenhalt. Wir fühlen uns in dieser Jahreszeit besonders verbunden und haben auch eine stärkere Bereitschaft, für uns selbst und für andere Menschen einzustehen. Das Element Erde symbolisiert also Zeit der Reife – im Leben wie im Jahreslauf. Es steht auch für Tradition, Verbundenheit und Bereitschaft, sich für andere Menschen einzusetzen. Dieses Element symbolisiert die Mitte, auf körperlicher Ebene, wie auch im Jahreszyklus. Es gilt in dieser Zeit, in der Mitte zu bleiben, sich selbst zu sammeln, zu entspannen und nicht starr auf die eigene Meinung zu beharren. Es geht mehr darum, innere Widerstände aufzulösen. Dies können wir gut mit Musik, Tanz, Naturspaziergängen, Meditation und auch Sex unterstützen. All diese schönen Dinge stärken unser Qi und bringen Harmonie. Sie helfen dabei, die eigene Mitte zu zentrieren. Die Vorgänge in der Natur berühren und bewegen uns. Je mehr wir uns dafür öffnen, desto tiefer wird die Natur uns bezaubern und auch verwandeln.

Das Element Erde beinhaltet das Yin-Organ Milz/Pankreas (Bauchspeicheldrüse) und das Yang-Organ Magen. Ihre Aufgabe ist der gesamte Verdauungsprozess. Sie nehmen die Nahrung auf und transformieren sie, um den gesamten Organismus mit Energie zu versorgen. Die Milz ist das zentrale Organ der Qi-Bildung. Die Chinesen nennen sie auch „Beamte des Kornspeichers", von dem die 5 Geschmacksrichtungen abstammen. Die Milz transformiert also Nahrung und Flüssigkeit, um daraus das Nahrungs-Qi zu gewinnen. Bei normaler Funktion ist die Verdauung gut, der Appetit ist gesund und der Stuhlgang regelmäßig. Bei einer Dysbalance beziehungsweise gestörten Funktion kommt es zu einem schlechten Appetit, einer schwachen Verdauung, einem aufgeblähten Bauch und zu weichem Stuhl.
Die Milz ist außerdem für die Flüssigkeiten zuständig. Das heißt, sie kontrolliert deren Umwandlung, Trennung und Bewegung im Körper. Der klare Anteil geht nach oben zur Lunge, der unsaubere Anteil wandert abwärts in den Darm. Bei einer Störung dieser Funktion können die Flüssigkeiten nicht richtig abtransportiert werden, was sich wiederum durch Schleimansammlung und Ödembildung (Wasseransammlungen) zeigt. Die Milz verabscheut auch Kälte. Das bedeutet, dass besonders kalte Flüssigkeiten ihre Funktion schwächen und ihr auf die Dauer auch schaden können.
Ist die Milz geschwächt, kann sich das auch durch verstärkte Blutungen und Hämatombildung (blaue Flecke) zeigen. Denn die Milz hat einen direkten Bezug zum Blut. Sie hält quasi das Blut in den Blutbahnen. Ihr kommt außerdem eine wichtige Aufgabe bei der Blutbildung zu. Aus der Nahrung wird das Nahrungs-Qi gebildet, das im Herzen mit den Ursprungs-Qi der Niere gemeinsam das Blut bildet.
Die Chinesen sagen auch, dass die Milz die Muskeln und die vier Extremitäten kontrolliert. Damit ist gemeint, dass das Nahrungs-Qi alles Gewebe im Körper nährt. Ist die Milz stark, kann sie mit Leichtigkeit das verfeinerte Qi zu den Muskeln und zu den Extremitäten schicken. Ist sie schwach, fehlt es uns Menschen vermehrt an Kraft. Das heißt, die Milz hat einen direkten Bezug zu unserem energetischen Zustand. Ist sie schwach, fühlen wir uns müde, antriebslos und haben gefühlt keine Energie zur Verfügung. Nach der TCM öffnet sich die Milz im Mund

und manifestiert sich in den Lippen. Damit ist gemeint, dass bei einer Milz-Dysbalance es zu:
- verminderten Geschmacksempfindungen,
- fehlendem Appetit,
- blassen und/oder trockenen Lippen oder
- süßlichem Mundgeschmack kommen kann.

Der Milz wird auch ein hebender Effekt zugesprochen. Das heißt, sie ist dafür verantwortlich, dass die inneren Organe an ihrem Platz gehalten werden. Bei einer Milz-Qi-Schwäche kann es daher zu einer Senkung verschiedenster Organe kommen, wie der Gebärmutter, Blase, Magen, Anus (Hämorrhoiden) und auch zu Bandscheibenvorfällen. Die Chinesen meinen auch, dass die Milz für unser Denken verantwortlich ist – es ist die Residenz des Denkens: lernen, denken, konzentrieren – all das ist der Milz zugeordnet. Ist unsere Milz stark, dann können wir uns gut konzentrieren, haben einen wachen und scharfen Verstand. Im Umkehrschluss können wir uns schlecht konzentrieren und uns Dinge schwerer merken, wenn wir eine schwache Milz haben. Milz-schwächende Faktoren sind übermäßiges Lernen und geistige Arbeit über lange Zeiträume mit zu wenig Pausen.

Zeichen von Disharmonien sind:
- Aufstoßen
- Magenschmerzen
- aufgeblähter Bauch
- lockerer Stuhl
- Energielosigkeit
- Unwohlsein
- Kältegefühl an der Innenseite der Oberschenkel und Knie.

Wir sehen also, dass eine gesunde Milz/Pankreas (Bauchspeicheldrüse) unser geistiges Arbeiten wie auch unsere körperliche Gesundheit maßgeblich beeinflusst. Die Milz gesund zu erhalten ist also essenziell wichtig für einen vitalen Lebensstil. Wir können die Milz mit ihren 21 Meridianen neben warmer gesunder Nahrung auch unterstützen, indem wir den Anfangsmeridian Mi 1 regelmäßig klopfen beziehungsweise

massieren. Der Milz-Meridian beginnt an der Innenseite der großen Zehe.

Der Magen ist das Yang-Organ im Element Erde. Er ist tatsächlich das wichtigste aller Yang-Organe. Er ist der Ursprung von Qi und Blut, das nach der Geburt erzeugt wird. Der Magen wandelt Speisen und Getränke um und bereitet somit alles für die Milz vor. Alle Yin-Organe beziehen ihr Qi aus dem Magen, weshalb er auch Wurzel der Yin-Organe genannt wird. Einen besonderen Bezug hat der Magen zum Zungenbelag. Dieser entsteht, wenn „unreine Nässe" gebildet wird. Der Zungenbelag ist ein Nebenprodukt der Magenfunktion. Ein dünner weißer Belag bedeutet, dass die Magenfunktion in Ordnung ist. Fehlt der Zungenbelag, weist das auf ein schwaches Magen-Qi hin. Ein dicker weißer Belag zeigt hingegen zu viel Kälte im Magen auf und ein dicker gelber Belag steht für zu viel Hitze. Kann der Magen aufgrund einer Qi-Schwäche das Qi nicht absteigen lassen, kann das zu folgenden Problemen führen:
- Völlegefühl
- Aufgeblähter Bauch
- Saurem Reflux mit Aufstoßen
- Schluckauf
- Übelkeit und Erbrechen

Die Chinesen sagen auch, dass der Magen der Ursprung der Flüssigkeit ist. Damit meinen sie, dass er viel Flüssigkeit braucht, um die Nahrung zu fermentieren und reifen zu lassen. Bei ausreichender Flüssigkeit ist die Verdauung gut und der Geschmackssinn normal. Bei Mangel an Magen-Flüssigkeit kommt es zu Durst, trockener und rissiger Zunge und einer gestörten Verdauung. Besonders ist der psychische Aspekt des Magens hervorzuheben. Er wird auch Sorgenmeridian genannt und kann folgende psychische Zeichen hervorrufen:
- Unkontrolliertes Sprechen, Lachen oder Singen
- Neigung zu Gewalttätigkeit
- Schwere Angstzustände
- Hyperaktivität

Der Magen hat insgesamt 45 Meridiane. Der Magenmeridian M 1 befindet sich allerdings senkrecht unter der Pupille. Zu empfehlen wäre, M 2, welcher sich unterhalb des knöchernden Augenrandes in der Mitte befindet, zu pressieren. Der Endmeridan M45 endet an der Spitze (äußere Nagelkante) der zweiten Zehe.

Disharmonien im Yang-Organ Magen können sein:
- Darmgeräusche
- Aufgeblähter Bauch
- Wasseransammlungen (Ödeme)
- Magenschmerzen
- Erbrechen
- Nasenbluten
- Schmerzen im Brust- und Bauchraum

Bei Erbrechen können wir uns mittels der Soforthilfe mit dem Akupressurpunkt Kreislaufmeridian KS 6 unterstützen. Dieser Punkt liegt etwa zwei Daumenbreiten von der Haupthandfalte aufwärts, mittig zwischen beiden Sehnen. Man hält den Daumen quer zu den Sehnen. Die Dauer der Akupressur beträgt rund 30 Sekunden. Mit dieser Soforthilfe kann ein Kollaps verhindert werden. Mit dem Pressen des Kreislaufmeridians KS 6 kann man sich bei Übelkeit und Erbrechen, z.B. ausgelöst durch Schwangerschaft, Reisekrankheit, Magen-Darmerkrankung, Erbrechen bei Chemotherapie, etc.) selbst unterstützen.

Für den Wasserhaushalt ist der Milz-/Pankreas-Meridian zuständig. Kommt es zu akutem Durchfall oder auch Verstopfung, können wir uns mit dem Punkt Milz/Pankreas MP 6 unterstützen.
Dieser Punkt ist insofern besonders, als dass sich hier drei Meridiane kreuzen. Er befindet sich drei Fingerbreit vom inneren Fußknöchel aufwärts.

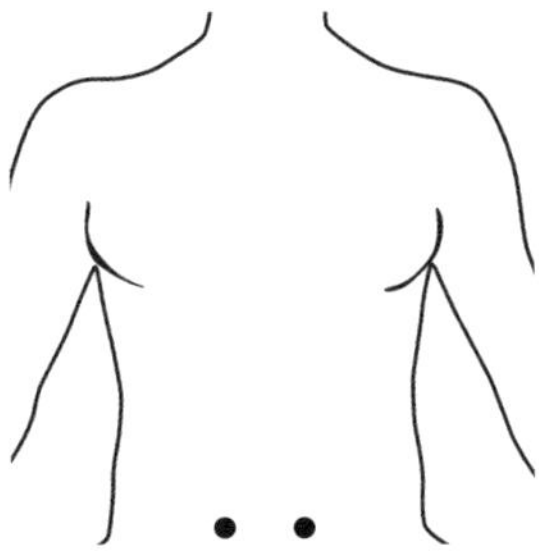

Auch der Magenmeridian M 25, welcher sich zwei Daumenbreit links und rechts vom Nabel befindet, kann pressiert werden. Dieser Punkt hilft bei Schmerzen in der Leibmitte oder im Unterleib.

Zusätzlich dazu kann der bereits erwähnten Milz/Pankreas MP 6 und der Milz/Pankreas MP 36 gedrückt werden. Der Milz/Pankreas MP 36 befindet sich eine Fingerbreite vom äußeren Schienbeinrand vorne entfernt.

Dieser Meridian hat übrigens auch eine stark psychisch beruhigende Wirkung, wenn er allein gedrückt wird. Er wirkt tonisierend auf Körper und Psyche und ist in der Akupunktur einer der wichtigsten Punkte. Langes Sitzen, etwa durch Reisen, kann zu vermehrter Wasseransammlung (Ödeme) führen. Der Meridian Milz/Pankreas MP 6 kann hier je eine halbe Minute massiert werden, damit sich der Wasserhaushalt wieder besser regulieren kann. Dieser Punkt befindet sich vier Finger vom inneren Fußknöchel aufwärts.

*„Wenn es Magen-Qi gibt, dann gibt es Leben,
wenn es kein Magen-Qi gibt, dann kommt der Tod."*
Chinesisches Sprichwort

Wollen wir also langfristig gesund bleiben, sollten wir den Magen und die Bauchspeicheldrüse regelmäßig stärken.

Organuhr

Der Morgen gehört dem Magen. Von 7:00 bis 9:00 Uhr ist er besonders aktiv. Die beste Zeit also, ein warmes Frühstück in Form eines gekochten Getreidebreis oder getoasteten Brotes einzunehmen. Ab 9:00 Uhr bis 11:00 Uhr ist die chinesische Milz – die Bauchspeicheldrüse aktiv. In dieser Zeit ist unser Körper besonders aufnahmefähig und kann anspruchsvolle Arbeit und kreative Leistungen mit Leichtigkeit vollbringen. Die Energie ist hier auf ihrem Höhepunkt.

Emotionen als Wegweiser

Die geistig-seelische Botschaft der Bauchspeicheldrüse

Schnelles Aufgeben und fehlende Aggression sind Zeichen, dass das Element Erde, insbesondere die chinesische Milz, unsere Bauchspeicheldrüse (Pankreas), geschwächt ist. Die Bauchspeicheldrüse hat im Grunde zwei Aufgaben. Im exokrinen Teil (von Drüsen nach außen absorbierend) werden ca. 1 - 1,5 Liter Verdauungssäfte pro Tag produziert. Darin enthalten sind Enzyme, die wie Katalysatoren sind und wichtige Vorgänge beschleunigen, umformen und entwickeln. Wenn wir auf Gefühlsebene in Resignation gehen, sind wir zu wenig aggressiv, stehen nicht für uns ein und können an einem Enzymmangel leiden.

Resignation und schnelles Aufgeben behindert also unsere Persönlichkeitsentwicklung und die erforderliche Transformation findet nicht ausreichend statt, was sich auf der körperlichen Ebene in Form von Verdauungsstörung zeigen kann. Auf der geistigen Ebene drehen wir uns im Kreis, fühlen uns im Hamsterrad gefangen und sind in einer ausweglosen Situation gefangen. Die erforderliche Kraft zu mobilisieren, um in die Veränderung zu gehen, ist nicht verfügbar.
Eine weitere wichtige Funktion der Bauchspeicheldrüse ist ihr endokriner (von Drüsen mit innerer Sekretion) Teil. Darin produzieren die sogenannten Inselzellen das Insulin. Sind diese zu schwach, droht die Krankheit Diabetes. Ist die Insulinproduktion gestört, kann Zucker nicht richtig verarbeitet werden. Auf der Gefühlsebene kann Liebe, die den Zucker symbolisiert, nicht aufgenommen werden. Wir tun uns schwerer, zu genießen, und werden selbst bald unausstehlich. Daher sollten Diabetiker lernen, sich mit sich selbst und ihren unerfüllten Bedürfnissen zu beschäftigen, ihre „süßen" Wünsche und Vorstellungen einzugestehen, Liebe bewusst zu geben und zu empfangen und wahrhaftig zu leben.

Die geistig-seelische Botschaft des Magens

Der Magen hingegen nimmt alle „Eindrücke" auf, die von außen auf uns wirken. Um alle Impressionen auch optimal verarbeiten zu können, braucht es eine innere Bereitschaft und Hingabefähigkeit. Der Magen reagiert empfindlich auf unverdaute Konflikte mit einem Völlegefühl. Er rebelliert regelrecht und weigert sich grundsätzlich, alles zu schlucken. Wenn er etwas nicht verdauen will, dann macht er sich bemerkbar. Besonders Ungerechtigkeiten, Erniedrigungen, Kränkungen und Demütigungen setzen ihm zu.
Wenn das Element Erde geschwächt ist, zeigt sich das auf der seelischen Ebene, indem wir eine Abneigung gegen neue Eindrücke entwickeln. Wir wollen keine Veränderung. Die Komfortzone wird zur Schutzzone. Vor allem die Unfähigkeit, Kritik anzunehmen, zu verarbeiten und zu verdauen, sind ein Zeichen, dass der Magen beziehungsweise das Element Erde leidet. Auch der Glaube, selbst ungerecht behandelt zu wer-

den oder nicht richtig anerkannt zu werden, ist schuld an einer Magendisharmonie. Wenn wir also solche Gefühle auf der geistigen Ebene nicht „verdauen“ können, also auflösen und loslassen können, muss der Magen dran glauben, indem er es verarbeiten muss. In der Magengrube – auch Solarplexus genannt – sitzt unsere Urteilskraft und unser Selbstwert. Sind diese gestört, zeigt sich das in Form von Übersäuerung, Feindseligkeit und Aggressivität.

Sind wir magenkrank, fehlt uns die Fähigkeit, angemessen auf Konflikte und Probleme zu reagieren. Wir haben nicht mehr die Kraft, uns mit unseren Themen auseinanderzusetzen. Entweder können wir schlichtweg nicht mit der Aggression umgehen oder wir sind übertrieben aggressiv. Beides hilft nicht, Probleme zu lösen. Menschen, die mit dem Magen ein Problem haben, verdrängen auf der Gefühlsebene oft die Fähigkeit des Fühlens aus dem Bewusstsein. So muss der Magen zusätzlich zur Nahrung auch noch die Gefühle verarbeiten. Halten wir noch dazu an Konflikten fest, kann es dadurch schließlich auch zu Schleimhautveränderungen in Form von Gastritis kommen. Der typische Magenleidende ist zu ehrgeizig und hat einen sehr hohen Leistungsanspruch an sich selbst. Außerdem strebt er nach Unabhängigkeit und fühlt sich gleichermaßen nicht geliebt. Oft wird dann versucht, diese Bedürfnisse durch intensives Rauchen zu kompensieren. In Wirklichkeit hat er aber eine tiefsitzende Aggression gegen sein Umfeld, die er aber oft nicht äußert oder die ihm gar nicht mehr bewusst ist.

Nicht ausgelebte Aggressionen lassen uns daher „sauer“ werden. Auf der körperlichen Ebene kommt es somit zu einer Übersäuerung. Was es hier braucht: Die Seele benötigt akut ein Gefühl der Geborgenheit. Das Sicherheitsbedürfnis muss erfüllt sein. Nur so besitzen wir die Kraft, negative Gefühle und damit verbundene Aggression zu äußern und für uns selbst einzustehen. Gefühle, die wir nicht äußern können, Aggressionen, die wir nicht nach außen ableiten können, führen letztendlich zu einem Magengeschwür, da sich irgendwann die nicht ausgelebte Aggression gegen uns selbst richtet. Die Lösung lautet also hier: Lernen, die eigenen Gefühle bewusstzumachen, ein achtsamer Umgang mit ihnen und eine gesunde, wertschätzende und respektvolle Konfliktbewältigungsstrategie erlernen.

Aspekte der Kabbala zum Element Erde

Unsere Mitte ist das Lebenstheater auch in der Kabbala. Mit spätestens 27 Jahren sollten wir in unserer eigenen Erde stehen. Damit ist gemeint, dass wir auf eigenen Füßen stehen sollen. Wir sind aufgefordert, das geschützte Familiennest zu verlassen und einen eigenen Haushalt zu gründen. Die Erde ist der Mittelpunkt unserer menschlichen Existenz. Das bedeutet im Umkehrschluss: Wenn wir keine Erde haben, dann haben wir keine Mitte. Über die Milz/Pankreas heißt es: Ich stehe zu mir! Sonst habe ich keinen Platz, von dem aus ich mein Leben in Einklang mit dem Leben bringen kann.

Unsere Erdung bringt die Zahl 4. Das ist die erste Zahl, die das Göttliche auf die Erde manifestiert. Wie ein Trichter kommt die 4 aus den höheren 3 Welten des Lebensbaumes und zeigt uns, dass hier bereits der wichtige Aspekt des Lebens erkannt wird – nämlich des Mitgefühls und der Gnade. Der Mensch, der an einem 4. geboren wurde, hat ein sogenanntes Erdentemperament. Er steht für Sicherheit und Halt – der Fels in der Brandung. Er baut sich seine eigene Welt und zeichnet sich nur durch Beständigkeit und Beharrlichkeit aus. Einen 4er als Partner zu haben (Anmerkung der Autorinnen: jeweils beide Ehemänner sind 4er – es gibt keine Zufälle ;-), garantiert Verlässlichkeit und Treue. Allerdings kann es auch etwas langweilig mit ihm werden, da er selten die Tür zu seinem Haus öffnet. Er mag keine Veränderungen und ist nicht sehr gesellig. Falls er dann doch einmal einlädt, dann wird dem Gegenüber eine Ehre zuteil, seine Nähe genießen zu dürfen.

Hausnummern mit der Zahl 4 symbolisieren ein positives Fundament für das Heranwachsen von Kindern und auch von Pflanzen. Jede Arbeit geht hier leichter von der Hand. Ein 4er Haus ist auch ein Haus der Wohltätigkeit und des Strebens nach Wissen. In der Lebensbaumwelt setzen wir den Grundstein für den Einklang des einfachen Lebens in der 4er Welt. Es dreht sich hier viel um die Hingabe und Hinwendung zum Menschen. Es ist die Welt der Freundlichkeit, Gnade und des Schenkens. Die Gesundheitszahl 544 – die Heilzahl für Muskeln, unterstützt die Milz/Pankreas gut in ihren Funktionen. 918 ist die Gesundheitszahl, um den Magen und die Lymphe zu unterstützen. Um die Milz/Pankreas zu stärken, können wir die Zahl 732 einsetzen. Dieses kleine Organ wird oft mit dem Begriff „4711" umrissen, da es eine bohnenförmige Größe von gerade mal 4x7x11 Zentimeter hat. In der TCM gibt es insgesamt 21 Akupunkturpunkte zu diesem Organ, die wiederum in der Kabbala „die Welt" repräsentiert und bewegt. Für die Meridianebene der Gallenblase drückt sich die Schwingungszahl in 543 aus. Um diese noch zusätzlich zu unterstützen, hilft es, sich immer in der Selbstreflexion zu üben.

Heilpflanzenempfehlungen zur Stärkung des Elements Erde

Das Element Erde ist der Beginn der Erntezeit. Die Früchte fallen reif zu Boden. Es ist die Zeit, in der wir bewusst langsamer essen sollten und vor allem einfache und frische Nahrung. Reich an Gemüse und Salaten, sowie auch Früchte von Sträuchern und Wildwuchs. Schwere Speisen wie Fleisch, Eier und Süßes sollten reduzierter zu sich genommen werden, wenn wir unsere Gesundheit erhalten und pflegen wollen, da diese die Entzündungen und den Säurespiegel erhöhen. Bakterien lieben übrigens Zucker. Sie ernähren und vermehren sich von beziehungsweise durch ihn. Krebszellen erfreuen sich daran. Es gibt unterschiedliche Heilpflanzentees die in dieser Zeit getrunken werden können. So unterstützt beispielsweise ein milder Tee aus Rosmarin, getrockneter Pomeranze und reifen Wacholderbeeren – eine halbe Stunde vor dem Essen getrunken – die Bildung der Salzsäure im Magen. Die Zubereitung und Anwendung ist in unterschiedlicher Dosierung möglich. Hier empfiehlt es sich, eine persönliche Befundung durchführen zu lassen.

Die Kamille hingegen hat einen beruhigenden Effekt und wirkt entkrampfend, entzündungshemmend auf die Magenschleimhaut. Die Zubereitung und Anwendung ist in unterschiedlicher Dosierung möglich. Auch hier empfiehlt es sich, eine persönliche Befundung durchführen zu lassen. Eine Fenchelsamen-Anis-Kümmel-Mischung redu-

ziert wiederum die Gasbildung im Darm und unterstützt heilsam bei krampfartigen Beschwerden. Die Zubereitung und Anwendung ist in unterschiedlicher Dosierung möglich. Hier empfiehlt es sich, eine persönliche Befundung durchführen zu lassen, da besonders auf die Höchstmenge hinsichtlich einer möglichen Krebsverursachung zu achten ist.
Auch die Wegmalve (Käsepappel) hilft hervorragend, durch die enthaltenen Schleimstoffe (Saponine) den Magen zu schützen. Sie hüllt ihn regelrecht mit ihrer heilsamen Kraft ein. Hier wird ein Kaltansatz über mehrere Stunden empfohlen, der danach leicht zu erwärmen ist. Es ist dabei zu beachten, dass dieser nicht aufkocht, da sonst die wichtigen Schleimstoffe (Saponine) verlorengehen, denn diese sind sehr empfindlich. Die Zubereitung und Anwendung ist in unterschiedlicher Dosierung möglich. Hier empfiehlt es sich, eine persönliche Befundung durchführen zu lassen.
Der gute Wermut wirkt mit seinen Inhaltsstoffen tonisierend auf Magen/Milz/Pankreas. Gemeinsam mit Bitterorangenschalen wird dieser Effekt auch noch verstärkt. Hier wird ein heißer Aufguss mit 100 Grad empfohlen, um die Heilkräfte der Pflanze herauszubekommen. Dieser soll 10 Minuten ziehen gelassen werden. Die Zubereitung und Anwendung ist allerdings in unterschiedlicher Dosierung möglich. Da empfiehlt es sich, eine persönliche Befundung durchführen zu lassen.
Als „Die Mutter aller Kräuter" wird gerne der Beifuß genannt. Das Wissen über diese Heilpflanze reicht bis in die Antike zurück. Er hat einen heilenden Effekt auf die Organe und wärmt besonders den Magen bei Übersäuerung. Diese Heilpflanze hat aber auch einen starken Bezug zu den weiblichen Fortpflanzungsorganen. Sie wird auch gerne Jungfernkraut genannt und wirkt menstruationsfördernd. Im Ayurveda wird die Pflanze auch für die Gelenke eingesetzt. Besonders ein warmer Umschlag der Blätter unterstützt bei Rheumaschüben. Sehr empfehlenswert ist hier eine Urtinktur aus Beifuß mit Löwenzahnwurzel und Wermut. Diese Tinktur ist in Tröpfchenform einzunehmen. Die Zubereitung und Anwendung ist in unterschiedlicher Dosierung möglich. Hier empfiehlt es sich, eine persönliche Befundung durchführen zu lassen.
Die Süßholzwurzel wurde schon mehrmals in diesem Buch erwähnt. Sie

hilft auch bei chronischen Beschwerden im Oberbauch und Sodbrennen. Die empfohlene Tagesdosis beläuft sich zwischen 200 und 600 Milligramm, wobei diese NICHT bei Bluthochdruck zu nehmen ist. Die Süßwurzel kann fast in jeder Teemischung mitgekocht werden.
Zur Tag- und Nachtgleiche am 23. September sollen wir die Spätsommerkost bevorzugen. Auf unserem Teller sollten Samen, Getreide, Hülsenfrüchte, Mais, Hirse, Birnen und Feigen landen. Die wirken leicht aufbauend, da sie echte Produkte des Erde-Elements sind und daher sowohl anregend als auch ausgleichend wirken. Auch Hildegard von Bingen gab hinsichtlich der Milz und deren Gesunderhaltung ihre Empfehlungen zum Galgant-Latwerge ab:
Zubereitung und Anwendung: 6 Galgantwurzeln, 12 Majoranblätter, 12 Selleriesamen, 4 Pfefferkörner und 4 Gramm Süßholzwurzelpulver in 400 Gramm Honig im Wasserbad erwärmen. Den Schaum abschöpfen und alles gut durchmischen und erkalten lassen. Diese Mischung einnehmen.
Auch die Kastanie unterstützt die Milz/Pankreas. Geröstete Maroni am Feuer sollen warm gegessen werden. Sie sind nicht nur ausgesprochen wohlschmeckend, sie sind auch sehr gesund und unterstützen unsere Mitte. Der Muskatellersalbei wirkt ebenfalls magenstärkend. Aus ihm lässt sich ein wunderbares Elixier zaubern.
Zubereitung und Anwendung:
18 Gramm Handvoll Muskatellersalbeiblätter mit teils Blüten, 2 Gramm Poleiminze und 6 Gramm Fenchelsamen mit 1 Liter süßem Weißwein nach Belieben vermischen. Kurz aufkochen und mit 1 – 2 EL Honig vermengen. Ein paar Minuten ziehen lassen und dann abfüllen. 30 ml ist von diesem Elixier nach jedem Essen einzunehmen.
Die Poleiminze hat eine entspannende und beruhigende Eigenschaft auf den Magen. Sie hilft auch bei Nervosität und Magendrücken (Völlegefühl). Der Kalmus ist unser heimischer Ingwer. Er ist ein aromatisches traditionelles Bittermittel und reguliert die Verdauung. Besonders das enthaltende, ätherische Öl und die Bitterstoffe wirken blähungshindernd, stimulieren die Darmbewegung und regulieren die Sekretion der Verdauungssäfte. Diese reizmindernde Eigenschaft ist oft in Magenbittern zu finden. Auch bei nervösem Magen, Appetitlosigkeit und

nervlicher Erschöpfung kann ein Kalmuswein gute Dienste leisten.
Zubereitung und Anwendung:
100 Gramm zerkleinerte Kalmuswurzel mit 1 Liter Weißwein übergießen. Diesen 10 Tage an einen hellen Ort stellen. Danach abfiltern und in eine dunkle Flasche füllen. Dieser wird vor dem Essen in einem Likörglas getrunken.

Lithotherapeutische Empfehlungen zur Stärkung des Elements Erde

Der Mensch ist auch in der geistigen Welt eine eigenständige Persönlichkeit – eine kleine Einzelseele auf der großen Seele von Mutter Erde. Wir sind ausgestattet mit Willens- und Entscheidungsfreiheit. Die gelbe Frequenz der Lebenskraft im Erde-Element zeigt sich auch in der geistigen und feinstofflichen Natur. Gelb ist die Farbe des Erde-Eelements – die Farbe der Sonne und des Spätsommers. Gelb ist außerdem der Schlüssel, um die Gefühlswelt unserer Mitmenschen zu erreichen. Besonders gelbe Edelsteine enthalten organische Wirkstoffe, die die Selbstheilungskräfte unterstützen.
Der Topas ist somit ein wunderbarer Edelstein, der bestimmte körperliche Ungleichgewichte wieder ausbalanciert. Er ist ein fluorhaltiges Aluminiumsilikat mit einem Härtegrad von 8. Er kommt viel seltener vor als der Quarz und ist daher höher einzustufen als der Citrin oder Rauchquarz, welche beide aus Siliziumoxyd bestehen und im Vergleich zum Topas einen Härtegrad von 7 aufweisen. Citrine helfen uns, auf der geistigen Ebene zu erkennen, ob ein Mensch in Traurigkeit lebt. Der Rauchquarz hingegen zeigt vor allem alte Verhaltensmuster auf. Er ist gut geeignet, den eigenen Trigger auf die Spur zu kommen und herauszufinden, in welchen Situationen und Lebensbereichen wir uns in einer Dauerschleife befinden. Die Unterscheidungskraft zwischen Topas, Citrin und Rauchquarz wird hier deswegen hervorgestrichen, da im Edelsteinhandel viel Missgeschick passiert. Citrine werden als Rauchquarz, Rauchquarz als Goldtopas, Madeiratopas oder Rauchtopas verkauft. Hier braucht es das geschulte Auge eines Lithotherapeuten, um auch

wirklich den richtigen Stein für sich selbst zu finden. Denn für eine begleitende Therapie, um das körperliche und seelische Ungleichgewicht wieder auszubalancieren, braucht es den Topas und nicht den Quarz. Wählen Klient:innen in einer lithotherapeutischen Sitzung aus einem Edelsteinkasten, dessen Edelsteine alle eine Wirkung auf unsere Energiezentren haben, von sich aus einen gelbbraunen Topas, dann ist das ein Hinweis, dass dieser Mensch eine (chronische) Erkrankung der Verdauungsorgane hat. Besonders Pankreas/Bauchspeicheldrüse und Leber arbeiten nicht ausreichend, um das System gesund zu erhalten. Das Einsatzgebiet des Topas ist vielseitig. Dr. med. Gottfried Hertzka, ein österreichischer Arzt und Begründer der Hildegard-Medizin, hat den Topas erfolgreich bei Augenproblemen eingesetzt, deren Ursache in einer gestörten Funktion des endokrinen Teils der Bauchspeicheldrüse liegt. Der Topas zeigt weiters eine gute Wirkung bei diabetischer Retinopathie – einer Schädigung der Netzhaut.
Der helle (goldfarbige) Topas steht für den Magen. Zusammen mit dem Rhodonit aktiviert er die Vitalkräfte und unterstützt die Selbstliebe, wenn zu wenig Zuwendung von außen vorhanden ist. Außerdem sind beide Steine sehr hilfreich, wenn man sich mit dem geistigen Loslassen von Negativität beschäftigt. Hinzu kommt, dass beide Steine großartige Lieferanten bezüglich des Spurenelements Mangan sind. Über dieses sensible Tor zur geistigen und seelischen Gesundheit muss unbedingt der Sugilith erwähnt werden. Besonders bei bereits entwickelten Magengeschwüren leistet er hinsichtlich der Stärkung der Selbstheilungskräfte wunderbare Dienste.
Magnetite (Magnesiumcarbonat) unterstützen und stimulieren die Selbstreinigung und fördern einen basischen Stoffwechsel. Besonders bei übermäßiger Säurebildung, wie beispielsweise Sodbrennen, ist dieser Stein einzusetzen. Er wirkt außerdem auf den Magen krampflösend, beruhigend und entspannend. Die Anwendung erfolgt am besten mit Edelsteinwasser in Form einer 4-wöchigen Trinkkur. Auch ein Auflegen auf den betroffenen Bereich kann schon Linderung bringen und hilft, die Balance wieder herzustellen. Es ist in diesem Kontext auch wichtig zu erwähnen, dass ein Kauf von Edelsteinen nur in einem wirklich guten Fachhandel erfolgen soll. Gemmologisch geprüfte Personen wissen,

ob Edelsteine manipuliert, gefärbt, bestrahlt, paraffiniert oder mit Kunstharz behandelt wurden. Wie bereits erwähnt, verarbeitet der Magen viele Emotionen. Auf seelischer Ebene unterstützt uns hier noch der Achat als Scheibe mit seinen gelbbraunen Naturtönen von Mutter Erde. Er kann als Trommelstein auf den Magen aufgelegt werden oder im Steinwasser getrunken werden.

„In jeder Veränderung, in jedem fallenden Blatt steckt etwas Schmerz, etwas Schönheit. Und das ist die Art, wie neue Blätter wachsen.“

Herbst – In Balance mit dem Metall-Element

Aspekte der TCM zum Element Metall

In dieser Jahreszeit heißt es, gut sortiert in den Herbst des Lebens einzutauchen. Die Pflanzenwelt lässt nun alles nicht Notwendige fallen, was nicht mehr für den Winter benötigt wird. Auch die Flüssigkeiten ziehen sich schrittweise nach innen zurück. Die Energie wandert nun zurück in die Wurzeln, wo sie im Winter gespeichert wird. Es ist der Beginn einer Wende nach innen. Der 23. September mit der Tag- und Nachtgleiche leitet diesen Zustand ein. Das Element Metall ist der Jahreszeit Herbst zugeordnet. Symbolisch steht es für den Prozess der Verfeinerung von Erzen zu hochwertigen Metallen. Umgelegt auf den Menschen ist damit gemeint, dass es sich um einen Prozess der Verbesserung, Aufwertung und Weiterentwicklung der eigenen Werten handelt. Das Element Metall steht für Tatkraft, Power, Entschlossenheit, Innovation, Beständigkeit und einen ideellen Abstand zu den Dingen. Außerdem steht es für ein strategisches, kühles Denken sowie für einen rationalen Umgang mit Geld.
Auch im Lebenszyklus leitet das Element Metall die Zeit ein, in der wir vermehrt über Klarheit verfügen und schon langsam die Spreu vom Weizen zu trennen vermögen. Vor allem eine Entsäuerung, den Körper nach einem vielleicht zu genussvollen Sommer entrümpeln, wirkt sich vor dem Winter jetzt nochmals sehr unterstützend auf den Organismus

aus. Gleichzeitig lassen sich auch alte (Ess-)Gewohnheiten leichter ablegen, da uns das Element Metall die notwendige Leichtigkeit gibt. Nach der Entsäuerung (Entgiftung) soll die Nahrung wieder reicher, voller und vor allem wärmeerzeugender werden, damit wir uns gut für den Winter wappnen können.

Dem Element Metall sind das Yin-Organ Lunge und das Yang-Organ Dickdarm zugeordnet. Die Lunge verbindet uns über den Atem mit dem reinen Qi des Himmels und der Dickdarm trägt über die Ausscheidung des Überflüssigen und nutzlos Gewordenen zur inneren Klarheit bei. Die Lunge ist auch unser Mittelorgan zwischen Organismus und Umwelt. Ihre wichtigste Funktion ist, aus der Luft das „reine" Qi zu lösen, welches sich mit dem Nahrungs-Qi aus der Milz vereinigt. Das „unreine" Qi wird einfach ausgeatmet. Durch die Luftverbindung ist die Lunge das am weitesten außen gelegene Yin-Organ. Sie hat einen direkten Kontakt zur Außenwelt. Daher wird die Lunge auch leichter von äußeren pathogenen Faktoren befallen. Die Chinesen sagen, dass die Lunge wie eine Ministerin ist, die den Ton angibt und die Entscheidungen trifft. Sie kontrolliert die Leitbahnen und den Blutfluss in den Gefäßen. Bei einem starken Lungen-Qi ist der Kreislauf von Qi und Blut optimal, die Gliedmaßen sind warm. Bei einer Lungen-Qi-Schwäche können sich Qi und Blut nicht so gut fortbewegen, wodurch vor allem die Hände kalt sind.

Die Lunge hat einen sehr engen Bezug zur Haut. Sie verteilt das Abwehr-Qi und die Körperflüssigkeiten in der Schicht zwischen Haut und Muskeln. Das Abwehr-Qi hat die Aufgabe, die Haut und Muskeln zu wärmen und den Körper vor äußeren pathogenen Faktoren zu schützen. Bei einer Lungen-Qi-Schwäche ist genau diese Funktion gestört, wodurch wir anfälliger auf Krankheiten werden. Neben dem Qi wird durch die Körperflüssigkeiten die Haut befeuchtet. Das Öffnen und Schließen der Poren beziehungsweise das Schwitzen wird somit auch durch die Lunge gesteuert. Ist das Abwehr-Qi schwach, dann stehen unsere Poren offen und es kann zu spontanem Schwitzen kommen. Mit dem Schweiß geht wiederum eine gewisse Menge Abwehr-Qi verloren. Ist alles in Balance, kann das Lungen-Qi nach unten steigen, um sich mit der Niere zu verbinden. Ist diese absteigende Funktion allerdings

gestört, sammelt sich das Qi im Thorax und verursacht Husten, Atemnot und Völlegefühl im Brustkorb. Der Bezug zur Niere ist insofern wichtig, da die Lunge die Flüssigkeiten Richtung Niere lenkt, die mit diesen weiterarbeitet. Die Nährung und Befeuchtung der Haare wird ebenfalls der Lunge zugeordnet. Bei normaler Funktion ist das Haar und die Haut glänzend. Gibt es hier eine Dysbalance, zeigt sich das in rauer, trockener Haut und strohigem Haar. Die Chinesen sagen, dass sich die Lunge in der Nase öffnet. Bei einem starken Lungen-Qi ist die Nase durchgängig, die Atmung leicht und der Geruchssinn normal.
PO ist die Körperseele, die in der Lunge wohnt. Ihr Gegenpol HUN sitzt in der Leber. Die Körperseele hat einen engen Bezug zu unserer Essenz. Sie steht für eine große Unterscheidungskraft und für klare Empfindungen. Die alten Griechen nannten die Seele Lebenshauch oder Wind. Somit steht die Körperseele in Verbindung mit dem Lebensatem. Emotional beeinflusst wird unsere Körperseele durch die negativen Gefühle von Trauer und Kummer, die unsere Seele einengen und uns im Wachstum behindern. Die Lunge verachtet – Überraschung: die Kälte. Kaltes Wetter im Herbst findet sie höchst unangenehm. Da sie einen direkten Kontakt zur Umwelt hat, ist es besonders wichtig, dass wir uns vor kalter Luft schützen.
Die dem Element Metall zugehörige Körperflüssigkeit ist der Schleim. Zu viel Feuchtigkeit im Körper zeigt sich in einer stärkeren Schleimbildung, etwa durch ein ständiges Räuspern. Übermäßige Schleimbildung ist besonders in dieser Jahreszeit, wo es kühler wird, der Nährboden für Mikroben. Was folgt, sind laufende Nasen, Stirn- und Nebenhöhlenentzündung, Husten, Erkältungen etc. In dieser Jahreszeit – wie auch zu jeder Zeit – wäre darauf zu achten, keine schleimbildenden Nahrungsmittel zu sich zu nehmen. Jegliche Form von Kuhmilch und Milchprodukten, wie Joghurt, Käse etc., fördern die Schleimbildung. Wenn wir uns mit diesem Thema etwas genauer beschäftigen und etwas mehr unseren logischen Verstand einsetzen, dann erkennen wir, dass jegliche Kuhmilch schlecht verträglich für den Menschen ist. Warum? Weil wir nicht vier Mägen haben, sondern einen. Wir sind keine Kälber, und somit brauchen wir auch keine Milch von der Kuh. Die gesamte Milch- und Fleischindustrie schadet unserer Gesundheit im-

mens. Und das gesamte Tierleid ist emotional, wenn wir uns damit näher beschäftigen würden, nicht aushaltbar.
Lunge und Dickdarm sind beide lebenswichtige Ausscheidungsorgane und sollten absolut rein gehalten werden, damit eine gute körperliche und auch geistige Verfassung gewährleistet werden kann. Denn eine allzu oft üppige und denaturierte Nahrung führt häufig zu Verstopfung (und Verschleimung). Die Lunge hat auch einen sehr engen Bezug zur Stimme. Stärke, Klarheit und Tonfall zeigen sich über die Lunge. Zeichen von Disharmonien können sein:
- Husten
- Asthma
- Bluthusten
- verschleimter, entzündeter Hals

Mit ihren elf Meridianen können wir das Yin-Organ Lunge unterstützen, indem wir Anfangs- und Endmeridian regelmäßig klopfen oder massieren.

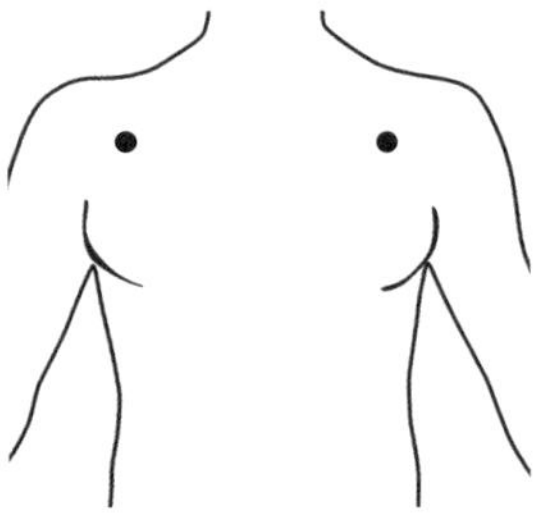

Der Anfangsmeridian Lu 1 ist einer der wichtigsten Punkte in der Akupunktur. Er hilft dabei, das Lungen-Qi zu bewegen und zu beruhigen. Er wird häufig bei Atemproblemen, Asthma COPD stimuliert. Er befindet sich auf dem oberen Brustkorb, unterhalb des Schlüsselbeins, 8 Querfinger (fingerbreit) von der Mittellinie entfernt.

Der Lungen-Endmeridian Lu 11 befindet sich an der Innenseite des Daumennagels.

Der Dickdarm ist das entsprechende Yang-Organ zum Element Metall. Er übernimmt die Nahrung und die Getränke vom Dünndarm. Nachdem die sauberen Flüssigkeiten resorbiert werden, wird der Stuhl ausgeschieden. Der Dickdarm hat eine enge Beziehung zur Lunge. Er benötigt das Lungen-Qi, um den Stuhl auszuscheiden. Daher kommt es bei einem Lungen-Qi-Mangel schneller zu Verstopfung.
Zeichen bei Disharmonien sind:
- Nasenbluten
- Zahnschmerzen
- Verschleimter und entzündeter Hals
- Schmerzen im Nacken und in der vorderen Schulter
- Darmgeräusche
- Bauchschmerzen
- Durchfall

Gerade weil der Dickdarm als Partnerorgan der Lunge eine große Rolle für deren Wohlbefinden spielt, ist eine intakte Darmgesundheit auch für die Lungengesundheit wichtig. Generell schwächelt der Darm, wenn wir uns zu wenig bewegen und zu niedergeschlagen sind.

Den Dickdarm, der insgesamt über 20 Meridiane verfügt, können wir stärken, indem der Anfangs- und Endmeridian regelmäßig geklopft und massiert wird. Der Dickdarmmeridian Di 1 beginnt an der Innenseite des Nagels des Zeigefingers und endet mit dem Meridian Di 20 links und rechts neben den Nasenflügeln.

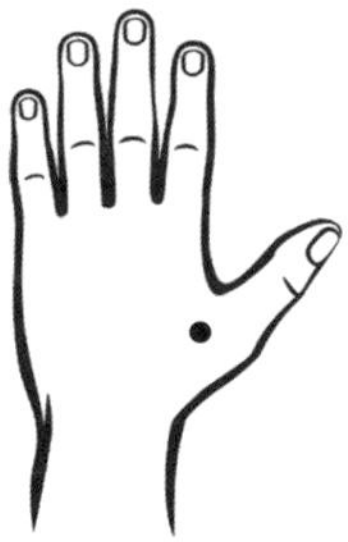

Des weiteren kann in der Soforthilfe bei Nasenbluten der Dickdarmmeridian Di 4 gedrückt werden. Dieser liegt an der Daumenseite und der Mitte des zweiten Mittelhandknochens.

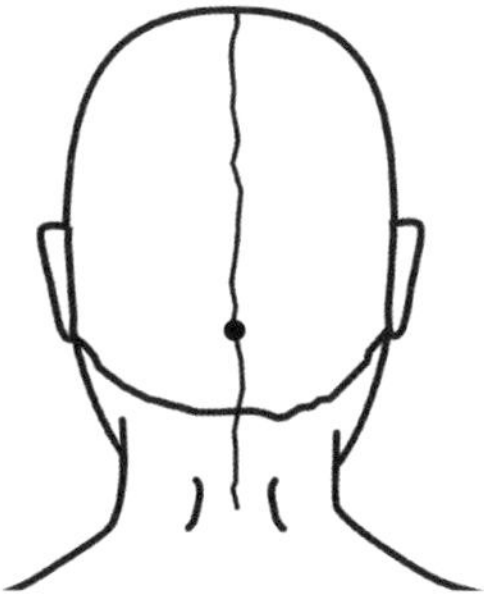

Der kalte Lappen mit Wasser soll nicht, wie die meisten annehmen, auf den Nacken gegeben werden, sondern etwas höher gehalten werden: direkt unter den vorspringenden Teil des Hinterhauptknoches, (Lenkergefäß Lg 16 ist ein Sondermeridian).

Auch hilft es, die Nasenspitze (Lg 25) zu drücken. Ein fester Druck dieses Meridians kann das Nasenbluten in kürzester Zeit stoppen.

Der Meridian Di 4 kann auch bei
- akuten Zahnschmerzen,
- Stirnkopfschmerzen,
- allergischem Asthma bronchiale,
- Pseudokrupp,
- Reizhusten,
- allergischen Schnupfen und Halsschmerzen (Halskratzen),
- allergischer Augenentzündung,
Juckreiz und Ausschlag gedrückt
werden.

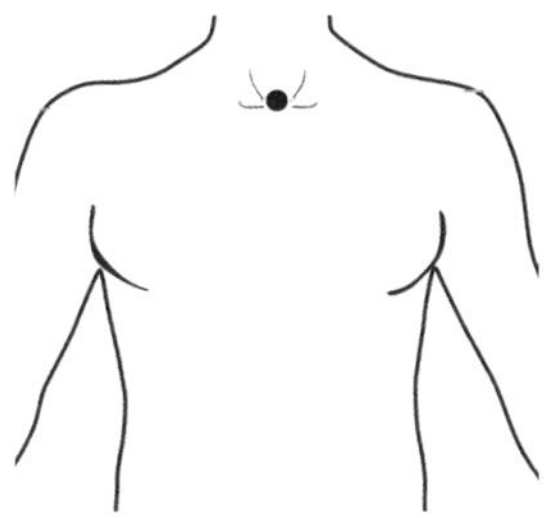

Bei Reizhusten kann noch zusätzlich der Punkt Konzeptionsgefäß Kg 22, welcher sich am oberen Rand des Brustbeins befindet, gedrückt werden.

Zusätzlich hilft es, den Magenmeridian M 44, welcher sich oberhalb der Zehenfalte zwischen 2. und 3. Zehe befindet, zu pressieren.

Alle drei Meridiane beheben Stauungen im Hals. Bei Stirnkopfschmerzen kann der Dickdarmmeridian Di 4 und der Blasenmeridian B 2 massiert werden. Dieser Punkt befindet sich am Beginn der Augenbraue.

In Kombination kann hier auch noch der Blasenmeridian B 60 massiert werden. Er ist unser stärkster Punkt gegen Schmerzen allgemein. Dieser befindet sich zwischen Achillessehne und äußerem Knöchel und zwar auf beiden Seiten, und hilft vor allem auch bei Migräne.

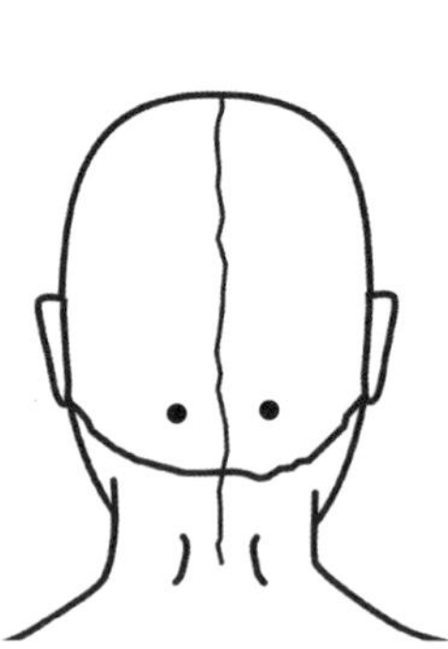

Bei Hinterkopfschmerzen empfiehlt es sich, den Meridian Gallenblase G 20 zu pressieren. Er befindet sich am Hinterkopf direkt unter dem Hinterhauptknochen im Grübchen zwischen den beiden Muskelansätzen.

Da der Herbst auch die Erkältungszeit beinhaltet, folgt hier nun noch eine Akupressurempfehlung, die eine vorbeugende regulierende Massage bei Anfälligkeiten für Erkältungen beinhaltet. Der Lungenmeridian Lu 7 und der Dickdarmmeridian Di 4 wirken hier unterstützend.

Über diese beiden Punkte kommt es zum Energieausgleich von Yin und Yang. Lu 7 befindet sich auf der Außenseite der Handgelenksfalte zwischen einer Sehne und der Knochenkante. Am besten werden beide Meridiane gleichzeitig stimuliert, indem wir die Hände ineinander halten. Der linke Daumen drückt dabei den Di 4 und der rechte Zeigefinger den Lu 7.

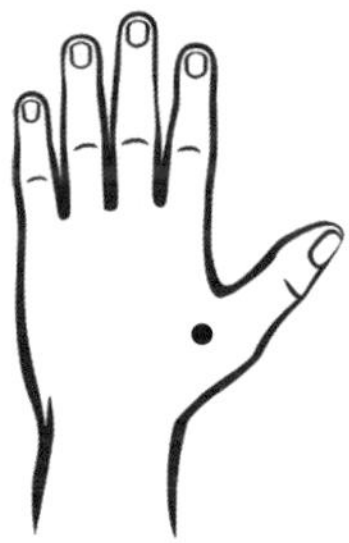

Zusätzlich dazu können bei Erkältungen und dessen Vorbeugung noch der Magenmeridian M 36, welcher sich drei Finger breit unter dem Kniegrübchen (ein starker Yang-Punkt) befindet und der Milz/Pankreas-Meridian MP 6, der drei Finger breit vom inneren Knöchel aufwärts (ein starker Yin-Punkt, wo sich Milz-Niere-Leber kreuzt) ist.

Organuhr

Lunge und Dickdarm sind in den frühen Morgenstunden aktiv. Von 3:00 Uhr bis 5:00 Uhr arbeitet die Lunge auf Hochtouren. In dieser Zeit ist die Produktion des Schlafhormons Melatonin am größten und wir befinden uns in einer tiefen Regenerationsphase. Auch der Blutdruck sinkt nach 3:00 Uhr auf ein Minimum ab. Zwischen 3:00 Uhr und 5:00 Uhr sammelt die Lunge neue Kraft und vollzieht einen Reinigungsprozess, sodass wir gestärkt den neuen Tag beginnen können. Die Energie bekommt der Lungenmeridian vom vorangeschalteten Lebermeridian und gibt sie seinerseits weiter an den nachgeschalteten Dickdarmmeridian. Wenn die Leber es nicht schafft, überschüssige Hormone oder das im Körper angereicherte Histamin abzubauen, kann das die Lungen belasten. Beginnt der Tag um 5:00 Uhr früh, macht es Sinn, ein paar tiefe Atemübungen und sanfte Bewegungen an der frischen Luft zu machen. Diese Zeit steht auch symbolisch für Neuanfang und Reinigung. Von 5:00 Uhr bis 7:00 Uhr arbeitet der Dickdarm am meisten. Es ist eine wichtige Zeit für die Ausscheidung und ein ausgezeichneter Moment für ein leichtes und warmes Frühstück, um den Verdauungsprozess zu starten.

Exkurs: Die optimale Haltung – gesunde Gewohnheiten beim Toilettengang

Auch hier kommt es auf die richtige Haltung an – besonders in Zeiten mit steigenden Zahlen von Gebärmuttervorfällen und Prostatabeschwerden. Wir Menschen hier im Westen haben vor etwa 200 Jahren etwas Wichtiges für unsere Gesundheit aufgegeben: die Hocksitzhaltung. Diese wurde durch die heutigen Sitztoiletten übernommen. Doch die Fähigkeit des Menschen, die Hocksitzhaltung überhaupt einnehmen zu können, ist nicht nur anatomisch so vorgesehen, sondern ist auch ein Geschenk von Mutter Natur. Aber das Verlassen der Wege, die Mutter Natur vorgibt, hat immer Konsequenzen für den Menschen. So verursacht der gewohnheitsmäßige Gebrauch von Sitztoiletten einen schleichenden und gleichzeitig erbarmungslosen Schaden am Darm und Beckenboden. Als Kinder taten wir es, und in der Natur tun wir es auch: Wir gehen in die Hocke, um uns zu entleeren. Diese urzeitliche Position ist übrigens auch die gesündeste für unseren Rücken. Wir können uns im Alltag dahingehend unterstützen, dass wir beispielsweise einen kleinen Schemel vor die Toilette stellen und während des Toilettengangs unsere Füße darauf abstellen. Somit wäre zumindest gewährleistet, dass der Darm nicht knickt.

Emotionen als Wegweiser

Die geistig-seelische Botschaft der Lunge

Das negative Gefühl, mit dem die Lunge am meisten resoniert, ist die Trauer. Es ist grundsätzlich wichtig, unseren negativen Gefühlen Raum zu geben, damit wir sie zulassen können, welches der erste Schritt in Richtung Heilung und Loslassen ist. Allerdings dürfen wir nicht in dieser negativen Blase verharren. Durch spezielle Techniken[6] ist es möglich, diese Gefühle durch den Körper fließen zu lassen und sie ganzheitlich loszulassen.

Auch geistige Einengung wirkt sich negativ auf die Lunge aus, da sich die Lungenflügel immer entfalten wollen. Und das ist nicht möglich, wenn wir uns auf der mentalen Ebene durch andere Menschen beschränken lassen. All das behindert in Wahrheit unsere eigene Potenzialentfaltung. Die Lunge hat einen Bezug zum Vater, zur Autorität. Viele Menschen, die rauchen, haben ein unverarbeitetes Thema mit ihren Vätern. Alleine Bronchitis ist ein weiterer Hinweis, dass die familiäre Umgebung toxisch ist. Streitereien und Schreiereien belasten die Lunge.

---

[6] Nähere Informationen zu den Techniken gibt es im Onlinekurs in emotionaler Freiheit - siehe Quellenverzeichnis

Die Botschaft hinter einer Lungenentzündung weist auf eine innere Verzweiflung hin. Emotionale Wunden durften beziehungsweise konnten bis dato nicht geheilt werden.
Menschen, die an einer Lungenentzündung erkrankt sind, sind müde und erschöpft vom Leben.

Die geistig-seelische Botschaft des Dickdarms

Der Dickdarm hat einen direkten Bezug zu unserem Unterbewusstsein. Wenn wir seelische Eindrücke nicht ganzheitlich verarbeiten können, dann kommt es in diesem Bereich zu Stauung beziehungsweise Verstopfung. Wir tun uns schwer, etwas loszulassen und die Gefühle zu äußern. Unser natürlicher Rhythmus kommt zum Stillstand. Wir sind nicht mehr im Fluss des Lebens. Kommt es zu einer Dickdarmerkrankung, sind wir dazu angehalten, unser Unterbewusstsein nicht mehr als Mülleimer zu verwenden, sondern müssen lernen, auch die negativen Eindrücke zu verarbeiten. Verdrängung ist also keine Option (mehr). Wenn die Eindrücke außerhalb der eigenen Bewältigungsstrategie liegen, dann sind wir hier gefragt, uns therapeutische Unterstützung zu holen, um psychisch, wie auch physisch, eine Lösung herbeizuführen.

Aspekte der Kabbala zum Element Metall

Wie bereits im Teil 1 erzählt, ist der Lebensbaum das zentrale Element in der Kabbala. So haben wir auch im Element Metall einen Baum, nämlich einen, der aus zwei Lungenflügeln, die wiederum aus Bronchialarmen und Ästen besteht. Die Lunge inhaliert Sauerstoff und gibt Kohlendioxid ab. Die Pflanzenwelt funktioniert ähnlich. Kohlendioxid wird aufgenommen und Sauerstoff wird abgegeben. Alles atmet. Mit dem ersten selbstständigen Atemzug bei der Geburt beginnt unser Leben auf der Erde. Mit dem letzten Ausatmen am Lebensende verlässt unsere Seele den Körper und geht in die nächste Dimension. Die Symbolik des Atems zeigt uns eine weitere Polarität auf. Einatmen bedeutet Spannung und Ausatmen Entspannung und Loslassen. Diese beiden Atemzüge verbinden die Innenwelt mit der Außenwelt. Es geht um das Prinzip des Gebens und Nehmens, in Kontakt treten, die Abgrenzung, Freiheit und Einengung zu spüren. Es gilt für uns, diese in Balance zu halten. Wir atmen alle die gleiche Luft und sind über Äther (Atemluft) miteinander verbunden. So können wir daraus schließen, dass der Atem den Aspekt vereint, dass wir alle „in Beziehung" zueinander stehen.

Die Lunge hat 11 Akupunkturpunkte und der Dickdarm 20. Sowohl die beiden Lungenflügel als auch die Wirbelsäule stehen in engem Zusammenhang mit dem Dickdarm. Die Lunge können wir hervorragend mit der Gesundheitszahl 558 unterstützen. Die Zahl 5 steht in der Kabbala für das Licht und den Schatten, welcher die Abstufung des Lichts repräsentiert. Es ist die Zahl der Erkenntnis und des göttlichen Bewusstseins und des goldenen Schnitts. Die Unordnung kann mit der Zahl 5 weichen. Die 8 repräsentiert den Urrhythmus des Lebens, das Sein und das Vergehen, oben wie unten, innen wie außen. Es ist die Zahl der puren Lebensfreude. Wenn wir bedenken, dass nach der TCM der Lunge das Gefühl der Trauer zugeordnet wird, verstehen wir jetzt besser, warum die 8 im Zuge der Lebensfreude die Balance wiederherstellt.

Um die Ausscheidung des Dickdarms im Allgemeinen zu unterstützen, können wir mit der Gesundheitszahl 579 arbeiten. Die Kraft der 5 wurde eben beschrieben. Die Zahl 7 weist auf die geistige Vollkommenheit hin, Licht ins Dunkle (den Dickdarm) zu bringen. Die Zahl 9 hilft uns, die Richtung ins Positive zu drehen. Es ist die Zahl der Lösung. Die Wirbelsäule, die, wie bereits erwähnt, einen direkten Zusammenhang zur Lunge und dem Dickdarm hat, können wir mit der Gesundheitszahl 777 entlasten. Die Zahl 7 hat hier einen Konnex zur Lebensfülle und repräsentiert unsere Rhythmik. Wir scheiden nicht nur über den Dickdarm aus, sondern auch über die Haut in Form eines Notentgiftungsprogramms. Dieses kann überansprucht werden, wenn wir in unserem System einen zu starken Yin-Zustand haben. Veränderungen in Form von Hautausschlägen, Infekten sowie auch Schutzkrankheiten wie Neurodermitis, Allergien, Ekzeme etc. können mit der Gesundheitszahl 991 gelindert werden.
Unser Hauptimmunsystem sitzt im Darm, doch die Viren und Bakterien und Keime werden meist durch den Atem aufgenommen. Hier können wir die Mandeln mit der Gesundheitszahl 733 unterstützen. Mit den Gesundheitszahlen helfen wir unserer Seele beim Ausheilen. Und da die seelische Gesundheit einen direkten Einfluss auf Körper und Geist hat, heilen wir somit holistisch, eben ganzheitlich, unsere Krankheiten aus.

Heilpflanzenempfehlungen zur Stärkung des Elements Metall

Alles Leben ist Licht, und dieses nimmt im Herbst ab. Die Yin-Energie nimmt stark zu. Es braucht daher bereits im Herbst eine Lichtpflanze, die die gespeicherte Energie des Sommers in sich trägt. Und diese Zauberpflanze ist der Alant. Sie trägt diese Signatur in sich. Bereits Paracelsus hat diese Pflanze als die „Kleine Sonne" bezeichnet. Das speziell in der Alantwurzel enthaltene Inulin ist ein Mehrfachzucker und wirkt präbiotisch und unterstützt genau zu dieser Jahreszeit positiv die Darm-

flora. Schädliche Bakterien werden somit eliminiert, was gleichzeitig dabei hilft, sich für den Winter fit zu machen.
In der Volksheilkunde ist der Alant ein Universalheilmittel, welches bei seelischen Befindlichkeitsstörungen, Melancholie und Mutlosigkeit eingesetzt werden kann. Diese sind nämlich auf ein gestörtes Darmmilieu zurückzuführen. Hildegard von Bingen beschrieb den Alant als eine trockene und wärmende Pflanze, die das ganze Jahr sowohl in getrockneter wie auch frischer Form, in Wein eingelegt, genossen werden soll. Ohne Wein kann der Alant mit Wasser, Honig, Feigen und Galgant zubereitet werden.
Zubereitung und Anwendung des Alant-Klostertranks:
30 Gramm frische Wurzel werden in dünne Scheiben geschnitten und mit 30ml 80% Alkohol angefeuchtet. Diese dann ungefähr 1 Stunden ziehen lassen. Danach 1 Liter Weißwein dazugeben und ca. 2 Tage an einem warmen Platz (25 - 30 Grad) stehen und ziehen lassen. Danach abseihen und auspressen. Von diesem Trank soll täglich 1 - 2 Mal ein kleines Gläschen getrunken werden.
Hildegard von Bingen sagte Folgendes zum Klostertrank: *„Wer in den Lungen Schmerzen hat, der trinke ihn täglich vor dem Essen. So wird das „Gift", der Schleim und Eiter aus den Lungen genommen."*
In England wird der Alant auch der „Pferdeheiler" genannt. Er wird lungenkranken Pferden als Wurzelwasser verabreicht. Der Wurzeltee hilft außerdem bei Husten – auch Keuchhusten und Rippenfellentzündung. Außerdem wirkt er harntreibend, was die Ausscheidung unterstützt. Durch die Bitterstoffe und das Inulin ist der Wurzeltee auch ein Segen für den Darm und in weiterer Folge für die Haut, die sich ja über die Darmgesundheit äußert. Somit hilft der Wurzeltee auch bei Ekzemen und unüblichen Hautirritationen. Die Zubereitung und Anwendung ist unterschiedlicher Dosierung möglich. Hier empfiehlt es sich, eine persönliche Befundung vornehmen zu lassen.
Die Tage werden im Herbst kürzer und kälter. Daher braucht der Körper gutes Nahrungs-Qi beziehungsweise Nahrungsenergie. Dies kann er durch wertvolles Getreide erhalten. Besonders Reis tut ihm jetzt besonders gut. Er hilft einerseits bei der Entschlackung und andererseits unterstützt eine Aufbaudiät mit Reisschleim, Reissuppe (Congee), Reis-

wasser und gekochtem Reis den Darm. All dies soll in den herbstlichen Speiseplan eingebaut werden.

Zubereitung Congee:

Ein Congee ist eine Reissuppe aus lange gekochtem Naturreis. Der Reis wird gewaschen und 8 Stunden in kaltem Wasser eingeweicht. Danach wird er abgeseiht und mit frischem Wasser im Verhältnis 1:6, einem Stück Ingwer (1 x 2 Zentimeter groß) und einer Wakamealge aufgekocht. Danach 2 – 3 Stunden zugedeckt bei kleiner Flamme weiterkochen. Zur Aufbewahrung Ingwer und Alge entfernen und noch heiß in Schraubgläser abfüllen und nach Abkühlung in den Kühlschrank stellen. Die Suppe soll unbedingt warm genossen werden.

Weiters gibt es einen besonderen darmstärkenden Tee aus Fenchel-, Thymian- und Melissenblättern, der auch die Verdauung unterstützt.

Zubereitung und Anwendung:

30 Gramm Fenchelblätter, 30 Gramm Thymianbllätter und 30 Gramm Melissenblätter mit heißem Wasser aufgießen und 15 Minuten ziehen lassen. Währenddessen empfiehlt es sich bereits den Dampf zu inhalieren, da er die Atmung verbessert. Der Tee kann in Folge mit 1 EL Honig gesüßt werden. Die Wirkung des Tees ist vielfältig. Er ist besonders antiseptisch, wärmend, schleimlösend, reinigend und wirkt entspannend.

Hildegard von Bingen hat bei einem schlechten Hautbild besonders den Quendel (Wiesenthymian) empfohlen. Eine Quendeltherapie bewährt sich gut bei Ekzemen, trockenen Hautverkrustungen, Hautunreinheiten und Akne. Der Quendel wächst überall im Alpenraum auf natürlichen Wiesen und in Gärten. Er ist mit dem Thymian verwandt und hat seine Blütezeit von Juni bis August, wo er auch geerntet werden sollte. Zusätzlich zur Haut hat der Quendel auch einen Bezug zum Gehirn. Hildegard von Bingen empfahl sogenannte Quendelkekse. Diese helfen bei Gedächtnis- und Konzentrationsschwäche und können zur Leistungssteigerung eingesetzt werden. Außerdem fördern sie die geistigen Fähigkeiten und verbessern die Durchblutung des Gehirns. Sie können somit während des Lernens gegessen werden. Außerdem finden sie noch Anwendung bei Demenz, Hirnatrophie (Verlust der Hirnsubstanz) und Zerebralsklerose (Verhärtung der Hirnsubstanz).

Zubereitung und Anwendung:
400 Gramm Dinkelfeinmehl, Gee-Butter, 30 Gramm Rohrzucker oder Honig, 70 Gramm gemahlene Mandeln, 2 Eigelb, 15 Gramm Quendel-Pulver, 1 Prise Salz, etwas Wasser. Alle Zutaten rasch zu einem Mürbteig verarbeiten und 30 Minuten im Kühlschrank kalt stellen. Danach ausrollen und 5mm dicke Kekse ausstechen und 10 - 20min bei 180 Grad goldbraun backen.
Hildegard von Bingen beschrieb: „Wer ein krankes Gehirn hat, leer wie ein Vakuum, mische Quendel-Pulver mit Mehl und Wasser und backe daraus Kekse. Diese esse er täglich, und seine Gehirnleistung wird verbessert."
Der Andorn war früher in unseren Gärten heimisch. Paracelsus beschrieb den Andorn als „Arzt der Lunge". Selbst die alten Ägypter wussten über diese Heilwirkung Bescheid und nutzten die Heilpflanze bei Atembeschwerden und Asthma. Die enthaltenen Bitterstoffe und Saponine haben eine abwehrstärkende, auswurffördernde, fiebersenkende und entkrampfende Wirkung. Wir können den Andorn auf jeden Fall unterstützend bei Bronchitis, Asthma und Keuchhusten einsetzen.
Eine weitere, das Metall-Element stärkende Heilpflanze ist das Isländisch Moos, auch Lungenmoos, Berggraupen und Heideflechte genannt. Es enthält wirksame Inhaltsstoffe, wie Flechtsäuren, Lichenin, Usinsäuren, Vitamin A und B und Spurenelemente. Dadurch wirkt diese Heilpflanze schleimlösend und hustenlindernd. Durch die leichten Bitterstoffe hat das Isländisch Moos auch noch eine verdauungsstärkende Eigenschaft und kann auch bei andauerndem Durchfall und allgemeiner Schwäche eingesetzt werden. Die enthaltenen Schleimstoffe legen sich balsamisch um die Schleimhaut von Nase, Rachen und Darm. Das Isländisch Moos kann als Tee oder als Tinktur eingenommen werden. Die Teeaufgüsse helfen bei Husten, Heiserkeit und wenn die Stimme zu sehr beansprucht wird. In der Naturheilkunde werden die Flechtenextrakte oft begleitend zur Behandlung von Krebs eingesetzt. Weiters finden sie Verwendung bei Lungenerkrankungen, Krupp und Infektionen. Die Flechten wirken stark antimykotisch (pilzhemmend). Das Moos stärkt besonders das Lungen-Qi.
Der Faulbaum, auch Schießbeere genannt, ist eine weitere ganz beson-

dere Heilpflanze, die das Yin des Dickdarms stärkt. Die Rinde des Faulbaums hat eine blutreinigende Wirkung, die unseren Säftehaushalt reguliert. Meist wird die Rinde als medizinisches Abführmittel verwendet. Ihre Wirkung entfaltet sich direkt im Dickdarm und schafft somit Ordnung im System. Die Faulbaumrinde kann bei fast allen Stagnationen eingesetzt werden. Die Rinde kann aufgrund ihrer abführenden Wirkung bei allen Blutreinigungstees beigegeben werden. Besonders wohltuend wirkt sie bei Hämorrhoiden und Verstopfung – überall dort, wo ein weicher Stuhl erwünscht ist.
Zubereitung und Anwendung:
Es werden 20 Gramm Faulbaumrinde, 10 Gramm Kümmelfrüchte, 10 Gramm Isländisch Moos und 5 Gramm Andornkraut zusammengemischt. Davon werden 1 bis 2 TL Kraut mit einem ½ Liter Wasser übergossen. Der Auszug soll 8 bis 12 Stunden dauern. Danach wird dieser gewärmt und abends soll eine Tasse lauwarm getrunken werden.
Es ist essenziell wichtig, dass wir uns im Herbst ausreichend stärken und schützen, damit wir dem Winter gut standhalten können. Wir wollen gesund durch das Leben gehen und unseren Körper als das ansehen, was er eigentlich ist: ein Tempel unseres Wohlbefindens.

Lithotherapeutische Empfehlungen zur Stärkung des Elements Metall

Der Bergkristall ist ein wunderbarer Edelstein, der sich wohltuend auf Darm und die gesamte Verdauung, Lunge, Lymphe, Nervensystem, rote und weiße Blutkörperchen – ja auf die gesamte Vitalität auswirkt. Der Bergkristall ist ein durchsichtiger, farbloser Quarzkristall, der reich an Kieselsäure und Siliciumdioxid ist. Dieser Quarz zählt zu den sogenannten Tagsteinen, da er sich positiv auf die Vitalität auswirkt. Vor dem Schlafengehen ist er jedenfalls abzulegen.
Der Bergkristall hat auch eine besondere Wirkung auf die Psyche. Emotionale Blockaden machen sogenannte dunkle Löcher im Darm, da alles Negative dort abgespeichert wird. Der Bergkristall hilft in die-

sem Bereich zu mehr Ausgeglichenheit zu kommen. Er unterstützt unsere Empfindsamkeit und gibt Schutz. Außerdem enthält er kristallines Licht und war dadurch bereits in den alten Kulturen als Zauberstein bekannt. Auch im Schamanismus fand und findet er Anwendung hinsichtlich der Suche nach verborgenen Wahrheiten und zur Ausheilung von Ungleichgewichten bei Krankheiten. Der Bergkristall kann auch innerlich eingenommen werden. Die Behandlung mit Quarz D30 hat sich bei langwierigen Leiden mit mangelnder Lebenswärme bewährt. Hier sollte der Bergkristall über einen längeren Zeitraum eingenommen werden. Quarz ist in homöopathischer Form ein Ersatz für die immunstimulierende Sonne. Er gibt dem Körper die verlorene Struktur zurück, damit die Sonnenkräfte im Menschen wieder wirken können. Perfekt also, wenn die Tage im Herbst wieder kürzer werden.
Ein weiterer Unterstützer des Metall-Elements ist das Tigerauge. Mit diesem Edelstein können unter Umständen schon länger gestörte Verdauungsorgane speziell bei Kindern unterstützt werden. Ebenso hat er auf Kinder eine beruhigende Wirkung und hilft bei Veränderungsprozessen, wie Beginn der Kindergarten- beziehungsweise Schulzeit. Ängste werden leichter transformiert. Das Tigerauge hat noch weiters eine stützende Funktion des Bewegungsapparates, hilft bei der Bekämpfung von Bakterien, unterstützt die Gelenke und die Verdauung – vor allem, was sich psychisch schlechter verdauen lässt, und gilt zu guter Letzt als Schutzstein. Weitere Steine, die die Verdauung im Herbst unterstützen, sind Achate, Obsidiane, Rubine und Smaragde. Bei Verstopfung können Kupfer, Koralle, Schwefel und Platin verwendet werden.

Der Hyazinth, ein Zirkon, wirkt in der kühlen Herbstzeit hervorragend, um die Abwehrkräfte des Körpers zu stärken. Zur Therapie eignen sich nur Mittel- oder Hochzirkone, denn Tiefzirkone sind in der Lithotherapie wertlos. Diese Steine werden generell sehr alt und sind leicht radioaktiv und eisenhältig. Äußerlich kann man den Hyazinth in Form eines Hyazinthöls bei Neurodermitis anwenden. Dafür empfiehlt es sich, ein kaltgepresstes Olivenöl zu nehmen und den Hyazinth mindestens 48 Stunden einzulegen, bevor mit den Einreibungen begonnen wird. Dieser soll im Olivenöl liegen bleiben, damit seine benötigten

Wirkstoffe vom Öl herausgelöst werden. Die betroffenen Hautstellen sollen regelmäßig einmassiert werden.
Candida, ein Hefepilz im Darm, kann innerlich mit einem angesetzten Hyazinthessig unterstützt und behandelt werden. Bereits nach 7 bis 10 Tagen kann ein gutes Ergebnis erzielt werden, obwohl der Krankheitserreger Candida ein Leben lang im Körper verbleibt. Daher empfiehlt es sich generell, den Zucker zu reduzieren und zwingend ein Hyazinthöl und Hyazinthessig oral einzunehmen.

In Balance mit dem Universum

Ein Gedicht von Gabriele Schupfer in abgeänderter Form.

Deinen Willen finde ich in meiner Mitte, als Gutes legst du ihn ins Herz hinein.
Wenn ich in meiner Mitte mich befinde, dann kann ich eins mit deinem Willen sein.
Mit Freude halt ich auch im Alltag inne und stelle zwischendurch ganz kurz mich ein.
Ich weite achtsam meine inneren Sinne und die universelle Kraft strömt in mich wohlig hinein.
Denn gar nicht selten gibt es den Moment, obwohl banal, der schwierig für mich erscheint, doch da mich nichts mehr von dir trennt, bald unverhofft schon eine Lösung keimt.
Das Leben wird so einfach, leicht und fröhlich, vergoldet ist für mich ein jeder Tag.
Dein guter Wille trägt mich sanft und selig noch durch die Nacht, durch einen ruhigen Schlaf.
Nicht immer sind es nur die großen Dinge, in denen das Universum sich mir als Wunder zeigt.
Ich schätze auch das Kleine, das Geringe, denn so nur wahres Glück in mir verbleibt!

Nachwort

Während die Seiten dieses Buches zu Ende gehen, geht die holistische Reise weiter. Sie beginnt erst gerade. Der holistische Weg ist ein lebenslanger Prozess, der niemals wirklich abgeschlossen ist. Jeder Schritt, den wir in Richtung ausgeglichenen und gesunden Lebensstil unternehmen, lässt uns nicht nur länger leben, er bringt uns auch näher an unser wahres Selbst. Wir erfahren so ein tieferes Verständnis für unsere körperlichen, emotionalen und geistigen Bedürfnisse und merken mit der Zeit, dass alle Antworten, die wir suchen, bereits in uns sind.

Dieses im Buch vorgestellte dynamische Zusammenspiel von Körper, Geist und Seele ist eine Balance, die nicht statisch ist, sondern sich ständig im Wandel befindet. Denn eines ist in diesem Kontext klar: Ganzheitliche Gesundheit ist mehr als die bloße Abwesenheit von Krankheit. Es geht darum, nicht nur auf die körperlichen Symptome zu achten, sondern die Ursachen zu verstehen und auch die emotionalen und geistigen Aspekte unseres Seins zu pflegen. Unsere innere Stimme will wieder mehr Gehör finden, was in einer stressigen Welt, die oft schnelle Lösungen bevorzugt, ein eher schwieriges Unterfangen ist. Doch der holistische Weg erfordert die goldenen Drei: Geduld, Selbstreflexion und Hingabe. Wir sind aufgefordert, uns Zeit zu nehmen, uns mit uns selbst und unseren individuellen Bedürfnissen zu beschäftigen und nachhaltige, bewusste Entscheidungen für unser Wohlbefinden zu treffen. So lassen sich leichter die in uns angelegten Potenziale entfalten und innerliche Stärke entwickeln, die uns auch in schwierigeren Zeiten trägt und uns resilienter werden lässt.

Möge dieses Buch mit den vorgestellten Ansätzen, Praktiken und Gedanken dazu inspirieren, sich auf den Weg zu einer bewussteren, ganzheitlichen Lebensweise zu machen. Wir – die Autorinnen – laden dazu

ein, achtsam zu bleiben, offen für neue Erfahrungen zu sein und ein tieferes und heilsameres Verständnis für sich selbst zu entwickeln.
Es liegt in der eigenen Verantwortung, die im Buch gewonnenen Einsichten im Alltag zu integrieren und so Schritt für Schritt ein gesünderes und erfüllteres Leben bis in hohe Alter zu gestalten.

Martina Karina Fischer,
Valerie Brotschneider

Quellen:

Banzhaf, Hajo (1994), Die vier Elemente in Astrologie und Tarot, Verlag Goldmann
Berg, Jehuda (2003), Die Macht der Kabbalah, Verlag Goldmann
Bühring, Ursula (2024), Lehrbuch Heilpflanzenkunde, Verlag Haug
Eppler, W.F. (1984), Praktische Gemmologie, Verlag Rühle-Diebener
Fischer, Martina Karina (2024), Dein Leben ist ein Palast und du bist die Königin, Verlag Buchschmiede
Harding, Jennie (2018), Geheime Künste, Verlag Libero
Hemm, Dagmar, Noll, Andreas (2022), Die Organuhr, Verlag Gräfe und Unzer
Hempen, Carl-Hermann (1999), Dtv-Atlas Akupunktur, Verlag dtv Verlagsgesellschaft mbH & Co. KG
Hertzka, Gottfried (2014), So heilt Gott, Verlag Christiana
Künlen, Mathias,Waldhauser-Künlen Christine (2024), Freiheit durch Aurachirurgie: Medizin im 21. Jahrhundert, Verlag Allinti
Ploberger, Florian (2017), Das große Buch der Westlichen Kräuter aus Sicht der TCM, Verlag Bacopa
Posch, Helmut (1998) Was ist Hildegardmedizin, Herausgeber Helmut Posch
Reichstein, Herbert (1961), Praktisches Lehrbuch der Kabbala. Magie und Mystik der Namen und Zahlen, Verlag Richard Schikowski Berlin
Rippe, Olaf, Madejsky, Margret (2006), Die Kräuterkunde des Paracelsus: Therapie mit Heilpflanzen nach abendländischer Tradition, AT Verlag
Ross Jeremy (2018), Klinische Materia Medica, Verlag Systemische Medizin
Strehlow, Wighard (2014), Die Hildegard Naturapotheke, Verlag Knaur Menssana
Tenk, Hermine (2007), Soforthilfe mit Akupressur, Verlag facultas / maudrich

Onlinekurs:

Auflösen von negativen Emotionen: https://www.martinakarinafischer.com/v2/produkt/kurs-in-emotionaler-freiheit/
Rabattcode -22%: FEUERKÖNIGIN

Frequenzen: https://www.digistore24.com/redir/263811/blockadensprengerin/CAMPAIGNKEY
7 Tage lang kostenloser Zugriff, 650+ neowake® Sessions für Gesundheit, Freude, Fitness, Fokus, Meditation, Erfolg uvm., jederzeit kündbar, kein Zwang

Zur vertiefenden Literatur:

Jeremy Ross - Klinische Materia Medica 2. Auflage, Verlag Systemische Medizin
Dr. Florian Ploberger – Das große Buch der Westlichen Kräuter aus Sicht der TCM
Carl-Hermann Hempen - Dtv-Atlas Akupunktur
Prof. Med. Rat Dr. Hermine Tenk – Soforthilfe mit Akupressur, 6. Auflage
Martina Karina Fischer – Dein Leben ist ein Palast und du bist die Königin

Autorinnen

Valerie Brotschneider war lange Jahre Wellnesshaus-Betreiberin mit Standorten im steirischen Salzkammergut. Nach einem schweren Unfall in jungen Jahren suchte sie Heilung in der Natur und Schöpfung. Es folgten Ausbildungen im holistischen Kontext, wie der gewerbliche Heilmasseur, Heilbademeister, Diplomkosmetik mit Schwerpunkt Thalasso, Klangschalentherapie, Arbeiten mit Licht und Farbe, Lithotherapeutische Arbeiten mit Chakren, Erwachsenenbildung in der Waldpädagogik und der Erfahrungsheilkunde sowie Phytotherapie. Diese verknüpften Wege der Gesundung und Heilung fand sie in der tiefen Mystik der Kabbala. Sie lebt in Kärnten und gibt ihr Wissen in Vorträgen und Seminaren weiter.

Martina Karina Fischer war Führungskraft in einem der größten Kulturunternehmen Österreichs und beschloss nach einem Burnout zur Schöpferin ihres Lebens zu werden. Heute ist sie diplomierte Humanenergetikerin für emotionale Balance mit Schwerpunkt energetische Psychologie (TFT und EFT), TCM, Kinesiologie und Holistic Pulsing. Sie ist Expertin für ganzheitliche Gesundheit, zertifizierter Life Trust Coach, psychologische Beraterin und Mentorin für weibliche Potenzialentfaltung. In ihrer Praxis in Wien und mit ihren Onlinekursen unterstützt sie Frauen dabei, Disharmonien aufzulösen und zu heilen, um sie wieder zurück in ihre Kraft und Balance zu bringen. Sie lebt mit ihrem Mann und ihren zwei Kindern in Wien und Kärnten.

Wir bedanken uns herzlich bei unseren Partner:innen, die das Buch unterstützt haben.

Hotel-Pension Melcher
www.drobollach.at
Qualität Kärnten Beherbergung

www.hotel-melcher.at

Flairhotel am Wörthersee
****

www.flairhotel.at

Stift St. Georgen

www.stift-stgeorgen.at

Trippel Gut
Wein Gut
Essgut
Schlaf Gut
Natur Gut
Seminar Gut
Feiergut
Hochzeits Gut
www.trippelgut.at

www.trippelgut.at

FLAIRHOTEL AM WÖRTHERSEE
****
-Timeless Memories-
Urlaub am Wörthersee
Alles tun können...
aber nichts tun müssen ...
„Wir sind Gastgeber aus Leidenschaft, und freuen uns, ein Teil ihres Urlaubserlebnisses sein zu dürfen.“
Familie Lecocq
www.flairhotel.at
info@flairhotel.at